英会話 その単語じゃ人は動いてくれません

デイビッド・セイン

青春新書
INTELLIGENCE

Prologue

あの単語なら、
こんなに反応が変わる!

「英語は結局、単語力、ボキャブラリーだ!」
と言われるたびに、
「わかってはいるけど」
と言いたくなりませんか?
　仕事や勉強などで忙しいなか、英単語ばかり覚えていられませんよね。できれば、
「大事な単語だけ」
「使い勝手のいい単語だけ」
を覚えて使いこなしたい
　──そんなリクエストをたくさん頂き、この本を書きました。

●英語力は単語力 !?

　たしかに、「英語力は単語力だ」とは、よく言われることです。
　ビジネス英会話は実はさほど難しいものではありません。基本的な文法事項さえわかっていれば、あとは単語の入れ替えでかなり通じます。言いたいことは「基本文法＋単語」の組み合わせでほぼ表現できますから、やはり重要になるのは単語力です。文法はよく知らなくても、単語力さえあればビジネスでのやり取りは可能なのです。

●ビジネスにはビジネスの単語がある!

　私たち日本人が"知ってる"と思っている単語の中に、実は意外な意味を持つ、ビジネスでとても使い勝手のいい単語があります。いわば"日本人がノーマークな単語"です。

Prologue | 003

たとえば **deliver** といえば「配達する」を思い浮かべるでしょうが、ビジネスではよく、違う意味で使われます。次の文は、ビジネスで使う場合どのような意味かわかりますか？

She'll deliver.

　この１文ではわかりにくいかもしれません。次のような会話にするとどうでしょう。

A: Do you think Sally will be able to finish on time?
B: Don't worry. She'll deliver.
　このやり取りなら、**deliver** の意味が推測できるのではないでしょうか？

A: サリーは時間通りに終わらせられるかな？
B: 大丈夫。彼女はやってくれるよ。

　この **deliver** は「約束を果たす」「期待された結果を実現する」という意味なので、「彼女は時間通りに終わらせられる」→「彼女はやってくれるよ」となるのです。たんに She'll do it. と言うより、かなり強く、あなたの Sally への信頼が伝わります。ビジネスでは、通常とは異なる意味で用いられる場合があると覚えておきましょう。

　もう１つ例を挙げましょう。
　revamp という単語をご存知ですか？
　口語的な言葉のため、普通の英会話本ではほぼ紹介されていません。おそらくご存知ない方がほとんどでしょうが、ネイテ

ィブはかなり頻繁に使う単語です。**revamp the inventory**（在庫を見直す）や **need a revamp**（改良を必要とする）など、現状を見直してさらに良いものにする場合に用います。

一般的に、**change**（変更する）を嫌がる人は多いのですが、**revamp**（改良する）にはさほど抵抗を感じないようです。そのためビジネスの場で何か変化を求めるなら、**revamp** を使って交渉したほうが周囲からの反対も少なく、スムーズに物事を進められるでしょう。

このように、ネイティブにはおなじみでも、日本人がうまく使いこなせていない単語は意外に数多くあります。それらの中から、「本当に使える」80 単語を厳選したのが本書なのです。

●「使える」80 単語を厳選！

この本では、以下のような単語を収録しました。

1　意外に使える単語

deliver や **different**、**create** など、すでにおなじみでありながら意外に使い勝手のいい単語。

2　ワンランク上の表現ができる単語

fair、**honor**、**impress** のように、受験英語で何となく知っているものの、実際にどのように使えばいいか迷うもの。

3　人に好かれる単語

guarantee、**respect**、**smart** など、さりげなく使えば人を喜ばせることができるもの。

4　人を動かす単語

join、**expect**、**must** といった、使い方によっては人を動かせるもの。

Prologue | 005

5 ニュアンスの違いを知っておきたい単語
　　critical、because、reality など、日本人が知っている意味とはやや異なるニュアンスで使われるもの。

　いずれも、現在のビジネス・シーンでは必須と思われる単語ばかりです。使いこなせれば、時にうまく人を動かし、交渉を有利に進めることもできるでしょう。

●**生きた会話で単語の使い方を覚えよう！**
　本書の特徴として、単語とあわせて「生きた会話」も紹介し、実践的な英会話の本にしました。2人の会話なら前後関係も明確になるため、よりニュアンスも伝わりやすいはずです。キーワードを使ったフレーズ以外にも、

Do you have any ideas for increasing sales?
売上げを伸ばすのに何かアイデアはある？

Do you think the new strategy will work?
新しい戦略はうまくいくかな？

　といったビジネスで「使える」会話を 200 以上収録しています。日常的に使えるお役立ちフレーズが満載ですから、かなりのビジネス英会話が身につくはず！
　本書を活用し、ぜひ人もビジネスも動かせる英語を身につけてください。

デイビッド・セイン

Contents

英会話 その単語じゃ
人は動いてくれません

Prologue ———————————————————— 003

本書の読み方・使い方 ———————————————— 012

Chapter1　意外に使える単語 18

deliver｜仕事に対する誠実さを表わすなら ————016

different｜人と違うことの良さを言うなら ————018

new｜「新しくて良い」を１語で言える ————020

instant｜日本語の「即…」を英語にするなら ————022

advantage｜自分の思いを強く伝える ————024

will｜自分の強い意志を伝える言葉 ————026

discover｜発見の喜びを表わす ————028

create｜ポジティブなものを作り出す ————030

simple｜気楽で好意的なイメージを与える ————032

innovate｜自分の思いを強く伝える ————034

possible｜可能性を感じさせる「前向き」な言葉 ————036

potential｜先々の見込みについて語るなら ————038

it｜実は強調表現です！ ————040

power｜ポジティブな言葉の代表格 ————042

save｜ポジティブなニュアンスあり ————044

bold｜ビジネスでは時に大胆さが必要 ————046

solid｜堅実さが伝わる言葉 ————048

quality｜さまざまなものの質の高さを表わす ————050

Chapter2　ワンランク上の表現ができる単語 19

fair｜ネイティブが誇りを持つ言葉 ————054

honor｜形式張った表現にぜひ！ ————056

optimize | 戦略的ニュアンスが入る―――058

insight | 読みの深さを称える表現―――060

solution | ビジネスでは非常に大事な言葉―――062

revamp | よくする、改善する―――064

impress | 心に残る表現をするなら―――066

share | 今、一番「旬」な言葉―――068

commit | 強い決意を表わす―――070

values | アメリカ人が重要視する言葉―――072

truly | 心の底からの思いを伝えるなら―――074

comfortable | 満足感を伝える―――076

focus | 注意を喚起する―――078

boost | 一気によくする、改善する―――080

respond | 今のビジネスでは素早い対応を―――082

strategy | 知的かつ好戦的な言葉―――084

definite | はっきり明言するなら―――086

core | 物事の核となる中心を指すなら―――088

fact | あらためて事実だと強調するなら―――090

Chapter3 人に好かれる単語 13

savvy | ポジティブなものを作り出す―――094

guarantee | 人を安心させる―――096

dazzle | 人を喜ばせる―――098

respect | 価値を認める―――100

smart | 今時のほめ言葉に―――102

team | 組織の連帯感を引き出す―――104

sure | 人に確信を伝えるなら―――106

terrific | カジュアルに驚きを伝えるなら―――108

Contents | 009

excellent | ほめ言葉の最上表現—————110

let's | 人を「やる気」にさせる魔法の言葉—————112

trust | 誠実さを表わす—————114

appreciate | お礼やねぎらい、ほめ言葉にも—————116

care | 人への思いやりを伝える言葉—————118

Chapter4　人を動かす単語 16

immediate | 瞬時の対応を伝えるなら—————122

join | 人を誘うなら—————124

expect | 自分の願いを伝えるなら—————126

passion | 熱意を伝えたい時に効果的！—————128

action | 議論ではなく、実際に行動するなら—————130

pride | 自分の行ないに誇りを持っていることを伝える—132

must | 使命感を強調する厳しいニュアンス—————134

absolute | オフィシャルにもカジュアルにも—————136

astonish | いろいろな驚き表現に—————138

challenge | 困難に立ち向かう言葉—————140

own | 「持つ」だけではない—————142

believe | 自分の思い、信念を伝える—————144

can | やる気、能力を伝える—————146

motivate | 「やる気」を表わす—————148

radical | 大胆で斬新なイメージには—————150

encourage | 人を励ます定番表現—————152

Chapter5　ニュアンスの違いを知っておきたい単語 09

critical | 挫折というより、重要な言葉—————156

positive ｜ 究極の前向きな言葉 ───────── 158

because ｜ あえて理由を強調するなら ───────── 160

danger ｜ 危うさを表現するなら ───────── 162

truth ｜ 事実であることを伝えるなら ───────── 164

protect ｜ さまざまな被害から身を守るなら ───────── 166

reality ｜ 現実の話をすると… ───────── 168

result ｜ あらゆる結果を表わす ───────── 170

strong ｜ 自分の思いを強く伝える言葉 ───────── 172

本文デザイン　大下賢一郎

How to Use This Book

本書の読み方・使い方

012 | 本書の読み方・使い方

1 見出し語

現代ビジネスで英会話に必須の「最強80単語」を選びました。ネイティブはよく使うものの、あまり日本人が知らない単語や、使い方によって人をうまく動かせる単語など、5つのジャンルに分けて紹介します。

2 リード

80単語の意味や使い方、ビジネスで用いる場合のニュアンスなどについて解説しました。IT用語などの旬な表現や、類語との違いなどについても触れましたので参考にしてください。

3 フレーズ&解説

ビジネスで覚えてほしい「使える」重要フレーズを厳選。解説とともに、そのフレーズを使った会話を紹介しましたので、より具体的な英語のニュアンスを身につけてください。

4 tips

その単語にまつわる、ちょっとした豆知識をまとめました。応用表現や派生表現、そのネイティブ風・活用方法など、「知っていると得した気分になれる」お役立ちコラムです。

How to Use This Book | 013

Chapter1

意外に使える単語
18

納期の話をしていて**He can deliver.**と言われたら、これはどういう意味？

「彼は配達できます」だと思った人、ぜひこの章を熟読してください！

「この単語にこんな意味があるの？」と、驚かれること間違いなしの18単語をピックアップ。意外な単語が「使える単語」に変身します！

#01/18

deliver

仕事に対する誠実さを表わすなら

deliver なら、ピザのデリバリー（配達）を思い浮かべると、この言葉本来のイメージがうまく把握できます。

意外かもしれませんが、**deliver** はビジネスで非常によく使う言葉。「配達する」だけでなく、「約束を守る」「職務を遂行する」という意味合いで、オフィスでは非常によく使われます。

「配達する」→「約束通りに仕事を遂行する」とイメージするといいでしょう。ピザの配達と同じく、何かを「してくれる」親切なイメージがあります。

deliver
やってくれる

A : Do you think Sally will be able to finish on time?
サリーは時間通りに終わらせられるかな？

B : Don't worry. She'll deliver.
大丈夫。彼女はやってくれるよ。

「約束を果たす」「期待された結果を実現する」という意味。
She can deliver. なら「彼女は（約束を）実現できる」。

deliver on one's promise
約束を果たす

A : Are you sure you can do this job?
本当にこの仕事をできる？

016 | Chapter1 意外に使える単語 18

B: Yes, I deliver on my promises.
   ああ、約束は果たすよ。

I deliver on my promises. は、「約束したことはきちんと実現する」と宣言する時の決まり文句。仕事で使うと好印象です。

deliver on one's commitment
責任を果たす

A: Should we tell the client we can't do it?
   クライアントにうちがそれをできないって言うべきかい?
B: No, we have to somehow deliver on our commitment.
   いや、何とかして責任を果たさなくちゃ。

他に **deliver on what one said**（言ったことを実現する）や **deliver on one's pledge**（誓約を果たす）などの言い回しもあります。

> **deliver** は「職務を遂行する」という信頼度の高い言葉のため、人を評価する際に用いるといいでしょう。**He always delivers.** と言えば、「彼は常に職務を遂行する人だ」→「彼はいつも責任感がある」「彼は常に実行力がある」といったニュアンスに。こんなことを言われたら、誰だってうれしくなります。

#02/18
different

人と違うことの良さを言うなら

実は、**different** にはかなり前向きなニュアンスがあります。
different といえば「異なる」「別の」ですが、転じて「今まで
よりいい」「(他と違って) 新鮮だ」というポジティブな意味にも。
アップル社がかつて **Think different.** をスローガンにしてい
ましたが、これもまさに「違うことを考えろ」→「人と違うこ
とがいい」というメッセージ。**different than before** といえ
ば「前とは違う」→「前とは違ってもっといい」という意味に
なります。

That's different.
見違えるね。

A : I made a layout for the new website.
　　新しいサイト用にレイアウトを作ったんだ。
B : That's different. Nice work!
　　見違えるね。素晴らしい！

「今までのものとは別物で素晴らしい」というニュアンス
のフレーズ。「それは話が別だ」という意味もあります。

---

different from (everyone else)
(他の人) とは異なる

A : How can we find more clients?
　　どうやったらもっとクライアントを見つけられるかな？

018 | Chapter1 意外に使える単語 18

B : We need to offer products that make us different.
   他との違いがわかるような製品を出すべきだよ。

different from ... で「他のものとは異なる」→「他とは
異なる新しいもの」というニュアンスになります。

find a different approach
異なる方法を見つける

A : I don't think this plan is going to work.
   この計画がうまくいくとは思わないな。

B : You're right. We need to find a different approach.
   その通りだ。違うやり方を見つけないと。

different approach で「異なるアプローチ」→「他とは
違う取り組み方」に。ビジネスの定番表現です。

be different
異なる存在であれ

A : No one else is using this new system.
   他に誰もこの新しいシステムを使っていないよ。

B : I don't care. It's important to be different.
   別にいいよ。違うのがいいんだ。

be different で「異なる存在であれ」、アメリカの有名な
詩 Be daring, be first, be different. なら「勇敢であれ、
最初であれ、そして他と異なる存在であれ」となります。

#02/18_different

#03/18

new

「新しくて良い」を1語で言える

new といえばもちろん「新しい」ですが、「(新しくなおかつ)良い」という含みがあることに注意しましょう。

「面白い、創造的、高品質」といった意味合いにもなりますが、いずれにせよ非常にポジティブなニュアンスで使われます。

ちなみに、new はアメリカ人がよく使う形容詞のトップ3に入る言葉だとか。「アメリカ人＝新しもの好き」のイメージは、今も昔も変わらないようです。

a new idea
新しい、いいアイデア

A : I have a new idea.
　　いいアイデアがある。

B : Really? Tell me about it!
　　本当？　教えて！

日本語でも「いいアイデアがある」と言って新しい案を紹介しますよね？　英語でも同じく a new idea で「新しい、いいアイデア」というニュアンスになります。

brand new
真新しい、新品の

A : Is this model based on a previous product?
　　このモデルは前の商品を元にしているの？

---

020 ｜ Chapter1 意外に使える単語 18

B : No, it's brand new.
   いいや、真新しいのだよ。

new を強調した表現で、形容詞の場合はハイフンを使い brand-new... に。**brand-new customer**（新しい顧客）や **brand-new car**（ピカピカの新車）などと用います。

a new direction
新しい方向性、新傾向

A : Nothing we're doing is working.
   やることなすこと、すべてうまくいかない。

B : We need to explore a new direction.
   新しい方向性を検討するべきだよ。

ビジネスで非常によく使うフレーズです。**find a new direction**（新しい方向性を見つける）などの言い回しも覚えましょう。

as good as new
新品同様で

A : Were you able to fix the printer?
   プリンタは修理できた？

B : Yes, it's as good as new.
   うん、新品同様だよ。

主語を I にして I'm as good as new. と言えば、「すっかりよくなった」と体調が良くなったときの決まり文句に。

#03/18_new

#04/18

instant

日本語の「即…」を英語にするなら

instant といえば「インスタントコーヒー」しか思い浮かばないかもしれませんが、スピードが命のビジネスでは非常に有効な言葉です。日本語の「即…」にあたる言葉で、使い方によっては、人もうまく動かせるでしょう。

同じような表現に right now（今すぐに）もありますが、これはさほど深い考えもなく、ノリで使う言葉。一方、instant や instantly なら、きちんと判断した上で言っているように聞こえます。「切迫した」「差し迫った」という意味もあり、緊急時には最適です。

in an instant
一瞬で、あっという間に

A : How long will it take you to get here?
　　ここに来るのにどれくらいかかる？
B : I'll be there in an instant.
　　あっという間さ。

所用時間を聞かれて、in an instant と答えれば好印象。ちなみに die in an instant だと「即死する」なんて表現に。

make an instant decision
即決する

A : I'm afraid I need you to make an instant decision.

022 | Chapter1 意外に使える単語 18

悪いけど、即決してほしいんだ。

B： Okay, my answer is yes.

わかったよ、ぼくの答えはイエスだ。

make an instant decision（即決する［即座に判断を下す］）は、ビジネスでは非常によく使われるフレーズ。「即座の判断を迫られた」と自分を主語にして言うなら、**I had to make an instant decision.** です。

give (an) instant reply
即答する

A： Will I have to wait a long time?

長時間待たないといけない？

B： No, the computer will give you an instant reply.

いや、コンピュータが即答してくれるよ。

instant reply で「即答」、反対に **give instant results** なら「即座に結果を出す」となります。

this instant
今すぐ

A： I can't wait any longer! This is an emergency!

もう待てない！ 緊急事態だ！

B： Don't worry. I'll fix it this instant.

大丈夫だ。今すぐ何とかするよ。

差し迫った状況が伝わる口語的な表現です。**Stop it this instant.**（今すぐやめろ）などと用いると効果的。

#05/18

advantage

自分の思いを強く伝える

この単語を見ると、いつも思い出すのが「メリットとデメリット」。この対義語を英語だと思っている人は多いでしょうが、実は和製英語なので通じません。正しくは **advantages and disadvantages**（長所と短所）です。

advantage は「利益を得る」「役立つ」「弾みをつける」など、ニュアンス的にも非常にポジティブです。強気に聞こえる言葉ですから、うまく使えば発言にも説得力が出るでしょう。

advantages and disadvantages
メリットとデメリット

A : We need to carefully consider this proposal.
この提案は慎重に検討しないと。

B : Okay, I'll study the advantages and disadvantages.
わかった、私はメリットとデメリットを考えてみる。

「利点と欠点」「長所と短所」「得失」といった意味にもなります。

have the advantage
有利に働く

A : Do we need to spend more money on R&D?
研究開発にもっとお金を費やす必要があるかな？

024 | Chapter1 意外に使える単語 18

B : We have the advantage now, but soon we won't.
今は有利だけど、すぐにそうじゃなくなるからね。

「優勢だ」「優位だ」「分がいい」というニュアンス。**have the advantage of** なら「…より優位な立場にある」。

offer (several) advantages
利点がある

A : Why do you like this plan better than the others?
他のプランよりどうしてこれがいいの？
B : It offers several advantages.
いくつか利点があるからだ。

offer little advantage なら「利点がほとんどない」と反対の意味に。

take advantage of an opportunity
チャンスを利用する

A : Do you think we should say yes to this proposal?
この提案にイエスと言うべきかな？
B : Yes, we need to take advantage of this opportunity.
うん、このチャンスを利用するべきだよ。

take advantage of で「…をうまく利用する」「活用する」。

tips

「利益を得る」なら **gain an advantage** で、**To gain an advantage, it's necessary.**（利益を得るためにそれは必要だ）はビジネスで非常によく使うフレーズです。

#06/18
will

自分の強い意志を伝える言葉

will といえば「意志」それしかありません！
よく誤解している人がいますが、ネイティブは会話で I'll と I will を使い分けているのはご存知ですか？ I'll ... は「(じゃあ)…するよ」とその場で決めた予定を表わしますが、I will ... は「絶対…する！」という強い意志になります。ですから、I'll go to NY. なら「NY に行くよ」ですが、I will go to NY. なら「NY に絶対行きたい！」というイメージに。ビジネスであえて I will ... と表現すれば、あなたの強い意志が表せるでしょう。

have the will to
…するという意志がある

A: This plan won't be easy to carry out.
この計画を実現するのは、簡単ではないだろう。
B: I know, but we have the will to succeed.
そうだね、でもわれわれには成功させるという意志がある。

have the will to で「…する意志がある」となり、lack the will to なら「…する意志に欠けている」となります。

strong-willed
断固とした

A: Are you sure you can say no to George?

間違いなくジョージにダメって言える？
B： Yes, I can be very strong-willed.
　　　ああ、断固としてね。

–willed で「…な意志のある」となり、free-willed なら「自由な意思のある」、self-willed なら「強情な」となります。

willpower
意志力、自制心

A： Do you think Nancy will give up?
　　　ナンシーはあきらめるかな？
B： No, I don't. She has a lot of willpower.
　　　いや。彼女はすごく意志が強いからね。

have a lot of willpower で「とても意志が強い」、「意志が弱い」なら have little willpower です。

the will to win
勝利への決意

A： Why do you think your company has been so successful?
　　　どうしてきみの会社はそんなに成功したんだと思う？
B： We have the will to win.
　　　勝利への決意があるからだよ。

the will to... で「…する意志」なので、the will to live で「生きる意志」、the will to succeed で「成功しようという意志」です。

#06/18_will | 027

#07/18

discover

発見の喜びを表わす

日本人にとって **discover** は、「島を発見する」くらいの大きな発見に対して使う、重々しいイメージがあるようです。

しかしネイティブは、発見したものの大小に関わらず、「やっと見つけた！」という感激を表す時には、好んで **discover** を用います。

「見つける」というと、類語の **find** のほうが一般的です。しかし **find** より発見に手間ひまがかかる分、「見つけられてうれしい」という喜びを伝えるなら、**discover** がオススメ。

「真実を見いだす」「新しい発見をする」といった表現に使えば、発見の感動までうまく伝えられるでしょう。

---

discover a new way to ...
…の新しい方法を見つける

A : I discovered a new way to cut costs.
　　コストを削減する新しい方法を見つけた。

B : That's great! What is it?
　　それはすごい！　どんなの？

何か新しい方法などを見つけた時の決まり文句。「ポジティブな発見」に対して使うのが一般的で、**discover** を用いることで「待ちに待った発見」であることがわかります。

028 ｜ Chapter1 意外に使える単語 18

discover something new
何かしら新しい発見をする

A: Why do you look so happy?
どうしてそんなにうれしそうなの？

B: I discovered something new about our system.
うちのシステムに関する新しい発見をしたんだ。

discover には「簡単には見つけられないすごい発見だ」というニュアンスが含まれるため、あえてこの単語を使うことで相手の好奇心もそそります。

discover the truth
真実を見いだす

A: How were you able to discover the truth?
どうやって本当のことがわかったの？

B: I studied the problem for a long time.
長い間その問題について調査したんだ。

あわせて discover the best answer（最善の答えを見つける）や discover the full breadth of ...（…の全容を解明する）なども覚えておきましょう。

tips

名詞形の discovery を使った表現も、ネイティブはよく使います。make a discovery で「発見する」、そこから make an amazing discovery（面白い発見をする）、make a big discovery（大発見をする）などの応用表現があります。

#08/18

create

ポジティブなものを作り出す

日本語に訳す時、面倒な単語が **create** です。「make は『作る』で、**create** は『創る』」などと習った人もいるでしょうが、ネイティブがよく使うフレーズを日本語にする場合、「創る」以外の言葉で表現するほうが断然多いはず。

「ちょっと頭を使って何かを生み出す」ポジティブなニュアンスがあるため、ビジネスでは好んでよく使われます。非常に耳障りのいい言葉ですから、ぜひ活用してください。

create a strategy
戦略を立てる

A : We need to create a new strategy.
　　新しい戦略を立てないと。

B : Why don't we have a brainstorming session?
　　ブレインストーミングの会合を開かない？

create an advertising strategy（広告戦略を立てる）など、**create** は「策定する」という意味でも使われます。

create a lot of interest
大きな関心を呼ぶ

A : Do you think the new site will get a lot of hits?
　　新しいサイトはかなりのヒット数になるかな？

030 ｜ Chapter1 意外に使える単語 18

B : Yes, the articles will create a lot of interest.
うん、記事が大きな関心を呼ぶよ。

create interest in work（仕事に関心をもたせる）のように、あとに in を続けるとさまざまな応用表現が作れます。

create a good impression
良い印象を与える

A : Do you think I should go on the TV show?
テレビ番組に出たほうがいいかな？

B : Yes, it will create a good impression for the company.
うん、会社にいい印象を与えるからね。

応用表現として **create a bad impression** で「心証を害する」、**create a bad name** で「不評を買う」となります。

create a productive ...
生産的な…を築く

A : We want to create a productive work environment.
うちは生産的な職場環境を築きたいんだ。

B : It looks like you succeeded.
うまくいったようだね。

create a productive relationship（生産的な関係を築く）なども最近よく耳にする表現で、非常にポジティブな印象になります。

#08/18_create

#09/18

simple

気楽で好意的なイメージを与える

最近のビジネスシーンでは効率化が求められますが、その際よく用いられるのが simple や simplify です。

「簡単＝良い」という発想から、おもに好意的なニュアンスで使われます。難しいものを効率よく簡単にする、気軽なイメージが重用される理由のようです。

日本語で「シンプル」と言うと「単純な、簡素な」といった意味が主ですが、simple や simplify はもっとポジティブなイメージになります。「今風な単語」の使い方をぜひ覚えてください。

a simple solution
簡単な解決策

A : This problem is really complicated.
この問題はすごく複雑だ。

B : I know, but I think I have a simple solution.
うん、でも簡単な解決策はあると思うよ。

simple solution を「単純な解決策」と捉えると「単純→つまらない」となってしまいますが、ネイティブはおもに「簡単な（より良い）解決策」とポジティブに捉えます。simple plan（簡単な[より良い]計画）も同じく、好意的な意味で使われます。

032 | Chapter1 意外に使える単語 18

a simple man with simple needs
うるさいことを言わないふつうの人

A: Are you going to stay at a five-star hotel?
5つ星のホテルに泊まる予定なの？

B: No, I'm a simple man with simple needs.
ううん、僕はあれこれうるさく言わない人だから。

耳慣れない表現かもしれませんが、「あれこれ面倒なことを言わないごく一般的な人」という意味の決まり文句です。

simplify something
…を簡略化する

A: Do you want me to simplify this report?
このレポートを簡単にしようか？

B: Yes, could you shorten it to one page or less?
うん、それを1ページかそれ以下にしてもらえる？

動詞 simplify も「複雑なことを簡単にする」とポジティブに考えましょう。「簡単になってわかりやすい」という解釈です。

> **tips**
>
> **simple and low-cost measures**（簡単で低コストの方法）や **simplify a task**（仕事を簡単にする）、**simplify a complex problem**（複雑な問題を単純化する）なども最近ビジネスでよく使われる表現です。**simple / simplify** は、ある意味「時代のキーワード」と言える言葉かもしれません。

#10/18

innovate

自分の思いを強く伝える

最近のビジネスでよく聞く言葉が innovate です。現場では日々、innovate が求められていると言っても、過言ではありません。「革新」という日本語を使うと大胆すぎるイメージもありますが、英語の innovate はもっとカジュアルかつ好意的なニュアンスで使われています。「斬新かつ画期的な」といったイメージでしょうか？
現状などを「革新する」という意味はよく知られていますが、新技術などを「導入する」は知らない人も多いようです。ビジネス英語でも、常に innovate を求め続けてください。

the ability to innovate
革新能力

A : Why do you think your company is the leader?
きみの会社がリーダーだってどうして思うんだい？
B : It's our ability to innovate.
革新能力があるからだよ。

物事を新しいほうへと改革していく力のことを言い、have the ability to innovate で「革新能力がある」です。

innovate a new way to ...
…するための新しい方法を取り入れる

A : We're not very good at tracking our progress.

034 | Chapter1 意外に使える単語 18

うちは進捗状況を追うのがうまくない。

B: Maybe I can innovate a new way to do that.
　　それをやるための新しい方法を導入できるかもしれない。

「導入する」の意味の innovate です。やや堅い表現のため、introduce を使うほうが一般的です。

an innovative approach
革新的なアプローチ

A: Why is your service better than your competitors?
　　どうしてライバルよりサービスがいいの？

B: We have an innovative approach to developing new products.
　　新製品を開発するための革新的な方法があるんだ。

innovative technology なら「革新的な技術」となります。

innovative ideas
今までにない新しい発想

A: Jack has really made a big contribution to this project.
　　ジャックはこのプロジェクトに非常に大きく貢献している。

B: Yeah, he has a lot of innovative ideas.
　　ああ、彼は今までにない新しい発想を持ってるからね。

他に innovative plan（画期的なプラン）や innovative thinking（革新的な思考）などの応用表現もあります。

#10/18_innovate | 035

#11/18

possible

可能性を感じさせる「前向き」な言葉

ビジネスでは可能性について言及することが多々あります。そんな時ぜひ使ってほしいのが、possibility や possible、possibly です。

日本語でも「可能性がある／ない」「ひょっとすると」など、実現性に関するさまざまな表現がありますが、それを英語にする際、用いるのがこれらの語です。

possibility =「可能性」ですが、possibilities と複数形にすると「将来性」「発展性」などの「望ましいことが起きる可能性」を表し、ポジティブなイメージが非常に強くなります。

(be) definitely possible
（もちろん）可能性はある

A : Do you really think ABC will say yes?
ABC 社がイエスと言うって、本当に思ってる？

B : Yes, it's definitely possible.
ああ、もちろんその可能性はある。

可能性が多少なりともあり得る場合、(be) definitely possible を使うといいでしょう。可能性がない場合、That's not possible. で「それは無理だ」となります。

explore the possibilities
可能性を探る

036 │ Chapter1 意外に使える単語 18

A： Let's explore the possibilities of a joint venture.
共同事業の可能性を探ろう。

B： Okay, that sounds great.
ああ、それはいいね。

このようなニュアンスの場合、**possibilities** と複数形で用います。他に **discuss possibilities**（可能性を話し合う）や **have possibilities**（将来性がある）、**consider possibilities**（可能性を考慮に入れる）などもよく使う表現です。

be possibly
かもしれない

A： I heard our sales are up 30 percent this year.
今年、売上げが30%上がったんだって。

B： Yes, it'll be possibly our best year ever.
ああ、過去最高かもしれない。

「…かもしれない」と言葉を濁すなら、**be possibly** がオススメ。曖昧な表現で、明言するのを避けることができます。

tips

「可能性」に関する言い回しは、日常的に使えるものが数多くあります。**Anything/Everything is possible.** で「不可能なことは何もない（何でもできる）」、反対語を使えば **Nothing is impossible.** で同じ意味に。いずれも決まり文句ですから、ここぞという時にぜひ使ってみてください。

#11/18_possible

#12/18

potential

先々の見込みについて語るなら

日本語の「ポテンシャル」はおもに「潜在力」を表しますが、英語の **potential** は「将来性」「可能性」という意味でビジネスでは多用されます。**have potential**（見込みがある）や **potential risk**（潜在的リスク）など良い意味にも悪い意味にも用いますが、どちらかといえばポジティブに使われることが多いでしょう。

「可能性」を表す語に **possibility** もありますが、**potential** は「将来性を見込んだ可能性」を指す点で異なります。あえて **potential** という言葉を使って人をほめれば、その人の将来性に期待しているという意味になり、非常に喜ばれるでしょう。

---

have potential
見込みがある

A : Do you think Joe will be a good manager?
　　ジョーはいいマネージャーになれるかな？

B : Yes, he has a lot of potential.
　　ああ、彼は見込みがあるよ。

素質や将来性が期待できる時に使うフレーズです。**have potential for growth**（成長が見込める）のように使い、**have high potential** なら「有望な、可能性の高い」となります。

---

038 ｜ Chapter1 意外に使える単語 18

the potential for success
成功の可能性

A: I think we should go ahead with this project.
　このプロジェクトを進めるべきだよ。
B: I agree. The potential for success is very high.
　そうだね。成功の可能性はかなり高い。

potential for ... で「…の可能性」となり、potential for development（発展の可能性）や potential for error（ミスの可能性）などもよく使われます。

show potential
可能性を見せる、将来性が見込める

A: How's the new sales manager doing?
　新しい販売部長はどう？
B: He's showing a lot of potential.
　彼はかなり能力があるね。

直訳は「可能性（潜在性）を示す」ですが、転じて「能力がある」「将来性が見込める」と解釈するといいでしょう。

> 意外な所で potential partner（パートナー候補［恋人候補］）なんて表現も。これは「パートナーとなる可能性のある人」という意味で、potential buyer（見込み客）や potential candidates（有力候補）なども同じ「将来性に期待する」イメージになります。

#12/18_potential | 039

#13/18
it

実は強調表現です!

簡単そうに見えて、この本で一番難しい単語が it かもしれません。本来 it は「それ」という代名詞ですが、使い方によっては「すごい！」「最高の」「まさにそれ！」といったポジティブな強調表現として使われます。

決まり文句で使われることが多いため、「それ」と訳していたのでは正確な意味がつかめません。フレーズを丸ごと覚えて、it の感覚を身につけるようにしましょう。

it's all about ...
重要なのは…だ

A : How can we make sure we succeed on this project?
どうすれば間違いなくこのプロジェクトが成功する？

B : It's all about timing.
タイミングがすべてだ。

改まって大事なことを伝える際に使うフレーズ。**It's all about the Benjamins.**（一番大切なのはお金）なんてラップの歌詞も流行したことがあります。

That's it!
その通り！

A : We can fix this by moving Sam to accounting.

040 | Chapter1 意外に使える単語 18

サムを経理に異動させればこれは解決できる。

B： Yes, that's it!

そう、その通り！

まさに的を得た表現に対する、賛同のフレーズです。他に「その調子」「それ以上は言うな」「以上」という意味にも。

have it
魅力的だ

A： Jack really seems to have it.

ジャックは本当に魅力的だ。

B： I know. He's so charismatic.

ああ。彼はとてもカリスマ的な魅力があるから。

have it は「人をひきつける魅力を持った」というイメージで、使い方によっては一時、流行語にもなった「持ってる」的な意味合いにもなります。

You did it!
やったね！

A： I got ABC to sign the contract!

ABC 社に契約書にサインしてもらったよ！

B： You did it! That's great!

やったね！　すごいや！

相手の行動をほめる時に使う決まり文句。良い結果に対して、それをねぎらうフレーズです。

#14/18

power

ポジティブな言葉の代表格

power と言うと「体力」だけをイメージするかもしれませんが、「知力」や「精神力」「才能」「権力」など、さまざまな「力」「力のある様子」を表わします。

経済用語として使われる時は「強含み」となり、The economy is powerful. といえば相場の先行きが上昇しそうな状況のこと。have a powerful effect なら「…に大きな影響力を持つ」など、非常に前向きかつポジティブなニュアンスで使われます。

do everything in one's power
最善を尽くす

A： Do you think you'll be able to do this job?
　　この仕事はできると思う？
B： I'll do everything in my power to do it.
　　最善を尽くすよ。

I'll do everything in my power to do it. は、全力で何かに取り組むと宣言する時の決まり文句。everything を all にしても OK です。

staying power
スタミナ、持久力

A： Do you think Linda is going to give up?

042 ｜ Chapter1 意外に使える単語 18

リンダは諦めるかな？

B: No, she has a lot of staying power.
彼女はものすごくスタミナがあるから。

have staying power で「持久力がある」「耐久性に優れた」という意味で、人にも物にも使えます。

a powerful example
絶好のお見本

A: Could you give me an example of how this system works?
このシステムがどう作動するか例を挙げてくれる？

B: Yes, I have a powerful example.
いいよ、絶好のお見本がある。

a powerful example で「説得力のある例」→「絶好のお見本」となります。

a powerful presentation
説得力のあるプレゼン

A: What made you change your mind?
どうして気が変わったの？

B: Nancy gave me a powerful presentation.
ナンシーが私に説得力のあるプレゼンをしたんだ。

powerful には「影響力のある」「説得力のある」という意味も。**a powerful book** なら「影響力のある本」となります。

#15/18

save

ポジティブなニュアンスあり

意外と幅広い意味で使われる動詞が **save** です。中心となるイメージは「何か害の及ぶことから救い出す」ですが、それがさまざまな状況に応用されるのが **save** の特徴といえます。

人や財産を「救う」、名誉を「守る」、窮状から「切り抜ける」、ものを「蓄える」、お金や労力を「節約する」など、文脈に応じて訳し分ける必要があります。いずれも「守る」「救う」というポジティブなニュアンス。ビジネスでは歓迎されるでしょう。

---

save time
時間を節約する

A : What's the advantage of the new system?
　　新しいシステムのいいところは何？

B : It'll save us a lot of time.
　　時間がものすごく節約できるんだ。

save time and energy（時間とエネルギーを節約する）、
save time and trouble（時間と手間を省く）なども定番
表現です。

---

save up
貯蓄する

A : Should we invest in a new factory?
　　新しい工場に投資したほうがいい？

044 | Chapter1 意外に使える単語 18

B : No, we need to save up for an emergency.
　　いや、いざという時に備えて貯蓄すべきだ。

save up for で「…に備えて貯蓄する」。save up for a rainy day なら「万が一に備えて貯蓄する」となります。

save A from B
AからBを救う

A : It looks like we're going to go bankrupt.
　　うちは倒産しそうだ。
B : I have an idea to save us from that.
　　倒産を免れるいいアイデアがあるよ。

save ... from disaster（災害から…を救う）など、さまざまなものから何かを守る・防ぐ際に用いる表現です。

tips

「救う」という意味では、類語に rescue があります。save はさまざまな危険から救い出すことを言う一般的な語ですが、rescue は命が危ぶまれるような危険から急いで救出することを表わします。
また、save の形容詞 savable だと「まだ救える」という意味になり、He's still savable. なら「彼はまだ救える」→「彼はまだ救いようがある」というニュアンスになります。

#16/18
bold

ビジネスでは時に大胆さが必要

「ずうずうしい」「厚かましい」というネガティブな意味合いも
ありますが、ビジネスの場ではおもに「勇敢な」「大胆な」と、
驚きを含んだほめ言葉になります。

「勇気がある」の類語にcourageousがありますが、
courageousは困難などに屈しない精神的な強さを表わすのに
対し、bold は向こう見ずなくらいの大胆さを言います。

ビジネスでは時に大胆さも必要です。交渉では bold と言われ
るくらいの態度で臨みましょう。

a bold decision
勇気ある決断

A : Bob completely changed the product right
before the deadline.
ボブは締切り直前に商品をまったく変更したんだ。

B : It was a bold decision, but it went well.
大胆な決断だけど、うまくいったよ。

思い切った判断に対して使うほめ言葉です。**make a bold
decision** で「大胆な決断を下す」となります。

a bold idea
大胆なアイデア

A : Can we let a new employee head this project?

046 | Chapter1 意外に使える単語 18

新入社員にこのプロジェクトを任せられるかな？

B : That's a bold idea.

それは大胆なアイデアだね。

hit on a bold idea なら「大胆なアイデアを思いつく」です。

act boldly
大胆に振る舞う

A : I heard that your risky investment was a huge success.

冒険的な投資で大成功したんだってね。

B : Yes, sometimes we have to act boldly.

ああ、時には大胆に振る舞わないと。

他に dream boldly で「大きな夢を見る」、put it boldly で「大胆に話す」となります。

be bold
勇気を出す

A : Do you really think we should say yes to ABC?

ABC 社にイエスと言うべきだって本当に思う？

B : Yes, we have to be bold.

ああ、勇気を出さないと。

相手に You have to be bold. と言えば、「（きみは）勇気を出さなくちゃ」という励ましの声かけに。

#16/18_bold | 047

#17/18

solid

堅実さが伝わる言葉

solid は「信頼できる」「実直な」「良識のある」など地味なイメージの言葉ですが、ビジネスではその堅実さが喜ばれます。solid company（堅実な会社）や solid economic growth（確かな経済成長）など、ビジネス用語としても非常によく使われています。取引先との会話やプレゼンでさりげなく使うと、誠実な印象を与えられるでしょう。

a solid performance
確かな実績

A： How did your company do last year?
きみの会社は去年どうだった？

B： We had a very solid performance.
すごくしっかりした実績を挙げたよ。

have a solid performance なら「確かな実績を挙げる」です。

a solid strategy
しっかりした戦略

A： Do you think this strategy will work?
この戦略はうまくいくと思う？

B： Yes, I've studied it carefully, and it's a solid strategy.

048 ｜ Chapter1 意外に使える単語 18

ああ、よく研究してみたけど、しっかりした戦略だよ。
It's a solid ... で「しっかりした…だ」というほめ言葉に。

a solid relationship
揺るぎない関係

A : Our suppliers are very important to our success.
成功するには仕入れ先が非常に重要だ。

B : I agree. We need to build a solid relationship with them.
そうだね。彼らとは揺るぎない関係を構築しないと。

応用表現で build a solid foundation なら「強固な基盤を築く」、build a solid brand で「確かなブランドを築く」。

be solid
頼りになる

A : John doesn't talk much, but he always works hard.
ジョンはあまり話さないけど、いつも一生懸命働く。

B : Yeah, he's always very solid.
ああ、彼はいつもとても頼りになるんだ。

人に対して使うと「頼れる」「堅実な」というほめ言葉に。

tips

solid には「絶え間ない（時間）」という意味もあり、We discussed it for a solid hour. といえば「まるまる1時間、それを議論した」。

#17/18_solid | 049

#18/18
quality

さまざまなものの質の高さを表わす

一般的に「品質」を意味する言葉ですが、「高品質の」「上質の」とおもに質の良さを表わします。

物だけでなく、人の社会的地位や優秀さに対しても使われ、最近、医療などでよく耳にする **QOL** といえば、**quality of life**（生活の質）のこと。最近は、さまざまなものの **quality** がビジネスでも重要視されています。

quality time
充実した時間

A: We only have two hours to spend with the new employees.
新しい従業員と過ごす時間はたった2時間しかない。

B: Okay, I'll make sure we have some quality time.
わかった、必ず充実した時間にするよ。

「高品質の時間」→「充実した時間」となります。

of superior quality
高品質な

A: How have you maintained your quality for so long?
どうやってそれだけ長い間品質を維持しているの？

B: We always choose materials of superior quality.

いつも高品質な原料を選んでいるんだ。
「優れた品質」とも言い、best quality なら「極上品」。

leadership qualities
指導力

A: Do you think Sally would make a good vice-president?
サリーはいい副社長になれるかな？
B: Yes, she has a lot of leadership qualities.
ああ、彼女はすごく指導力があるからね。

have leadership qualities で「指導力がある」となります。

a quality product
高級品

A: Maybe we should lower our production costs.
生産コストを下げるべきじゃないかな。
B: I agree, but it's important to make a quality product.
そうだね、でも質の高い製品を作ることが重要だ。

good quality product で「上等品」、highest quality product なら「最高品質の商品」となります。

tips

quality（質）の反対語といえば、quantity（量）。英語にも、I prefer quality to quantity.（質より量）という諺があります。

Chapter2
ワンランク上の表現ができる
単語
19

受験英語でcommitなんて単語も覚えたでしょうが、
実際に英会話で使ったことはありますか?
そんな、「日本人が使えそうで使えない」または「これを
サラッと使えたらワンランク上の表現に聞こえる」19
単語を紹介。こんな英語を何気なく使えれば、あなた
の英語力はネイティブ並み?!

#01/19

fair

ネイティブが誇りを持つ言葉

英語圏の人々は、**fair** という言葉を大切にします。感情や欲望に左右されない「**fair** であること」に、ネイティブは誇りを持っているからです。

「正々堂々と」「隠し事なく」といったニュアンスが含まれる、誰が聞いても好感の持てる誠実な言葉です。交渉などでは意識的に使うといいでしょう。

a fair deal
公正な取引

A : Did you make a lot of money from the deal with ABC?
ABC 社との取引で大金を稼いだ？

B : Yes, but we gave them a fair deal.
ああ、でも公正な取引だったよ。

give someone a fair deal で「…と公正な取引をする」です。

fair and square
正々堂々と

A : You're not going to pay a bribe?
賄賂を支払わないつもり？

054 │ Chapter2 ワンランク上の表現ができる単語 19

B : Of course not. We want to win this job fair and square.
もちろんだ。正々堂々とこの仕事を手に入れたいんだ。

「不正なく」「正攻法で」という意味の言葉。**fair and equitable** なら「公正かつ公平な」となります。

fair-minded
公正な

A : Do you think Nancy will make the best decision?
ナンシーは最善の決断を下すかな？

B : Yes, she's very fair-minded.
ああ、彼女はすごく公正だからね。

名詞形は **fair-mindedness**（公正、公平）。

It's fair to say that ...
…と言ってもいいだろう

A : I'm starting to think that this project will succeed.
このプロジェクトが成功するだろうと思い始めてる。

B : Yes, I think it's fair to say that.
ああ、そう言ってもいいと思うよ。

「(that 以下) と言うのは正しい」と、人の発言を後押しする際の決まり文句になります。

tips

be fair で「公平だ」なので、**It's important to be fair.** で「公平であることは重要だ」となります。

#01/19_fair

#02/19

honor

形式張った表現にぜひ!

なかなか日本人が使いこなせない英語のひとつに、**honor** があります。もともと堅い言葉ですからそう日常会話では使いませんが、ビジネスなどの形式張った場では時折、必要です。「光栄」「名誉」といったニュアンスがあるため、きちんとしたお礼をする時や、何かを誓言する時に使います。こういった堅い表現も使いこなせると、ビジネスでは強みになるでしょう。

I would be honored.
とても光栄だ。

A : I'd like to ask you give a speech at the ceremony.
式典でスピーチをしてもらいたいんだけど。

B : I would be honored.
とても光栄だ。

相手の申し出を引き受ける際の、形式張った決まり文句。**I'm really honored.**（大変光栄です）も同じ意味で使えます。

honor one's promise
約束を守る

A : I promise you that I won't change the price.
値段は変えないと約束するよ。

B : Okay. I know that you honor your promises.
わかった。きみは約束を守る人だからね。

056 | Chapter2 ワンランク上の表現ができる単語 19

I know that you honor your promises. で「あなたが約束を守るのはわかってる」→「あなたが約束を破るはずがない」と釘を刺す時の決まり文句になります。

On my honor.
名誉にかけて。

A: You don't have a contract with ABC? Are you sure?
ABC社と契約を交わさないの？ 本当に？
B: Yes, on my honor.
そうだよ、誓って言える。

「名誉にかけて断言できる」という意味合いのフレーズ。

Let me have the honor.
気持ちだけいただきます。

A: Let me pay for dinner tonight.
今夜はおごらせて。
B: No, please. Let me have the honor.
結構です。お気持ちだけいただきます。

Let me have the horror. で「栄誉をもたせて」→「お気持ちだけいただきます」というお礼の言葉に。

tips

形容詞の honorable には「立派な」という意味があるため、She's an honorable person. で「彼女は立派な人だ」となります。

#03/19
optimize

戦略的ニュアンスが入る

最近よく聞く単語ですが、今ひとつピンとこない人も多いのでは？　コンピュータ関係でよく使われ、「最適化する」つまり最も効率の良い状態に近づけることを言います。

意味的には **improve**（改善する）と似ていますが、戦略的なニュアンスが入り、より知的に聞こえるのが **optimize** です。形 容 詞 の **optimal** と **optimum** は ほ ぼ 同 じ 意 味 で す が、**optimal** は多少フォーマルなニュアンスがあります。

optimize productivity
生産性を最適化する

A : Why do you think we need a new computer
system?
どうして新しいコンピュータ・システムが必要なの？

B : It will optimize our productivity.
うちの生産性を最適化するからだよ。

最も効率よく生産することを言います。**optimize** を使うことで、ビジネス向きの堅い表現になります。

optimize the use of
…を最大限に活用する

A : I don't think we're optimizing the use of our
facilities.

058 | Chapter2 ワンランク上の表現ができる単語 19

うちの設備を最大限に活用していない気がするんだ。

B: I agree. Let's do something about it.
そうだね。何とかしよう。

応用表現の **optimize the use of IT**（ITを最大限に活用する）は非常によく使われる言い回しです。ぜひ覚えましょう。

optimize one's time
めいっぱい時間を有効に使う

A: Do you want to take some time to rest in your hotel?
ホテルで少し休みたい？

B: No, I want to optimize my time.
ううん、めいっぱい時間を有効に使いたいな。

限られた時間で思う存分何かをやりたい時に使うフレーズ。**optimize one's life** なら「人生を最大限有効に使う」です。

optimum solution
最善の解決策

A: Do you think we should accept this special order?
この特別な注文を引き受けるべきかな？

B: Yes, that's the optimum solution.
ああ、それが最善策だよ。

optimum conditions（最高の状態）や **optimum temperature**（最適温度）など、最も適した状態を表す際に **optimum** を使います。

#03/19_optimize

#04/19

insight

読みの深さを称える表現

「洞察力」「明察」「物事の本質を見抜く力」といった日本語が
あてられていますが、ピッタリ英語とイコールになる表現はな
いように思います。最近のビジネス用語に **creative insight** が
ありますが、これなども辞書にある「創造的洞察」では今ひと
つ…。状況に応じて訳し分けると、うまく表現できるでしょう。
類語の **opinion**（意見）は個人的なちょっとした考えにも使
いますが、**insight** はあることに深く精通していることを言い
ます。そのため **insightful comment**（鋭いコメント）や
insight-ful view（卓見）など、人に対して使えばほめ言葉に。
気軽に使う言葉ではないため、やや改まった表現にはなります
が、あえてこの言葉を選んで使ったことに好感を持たれるはず。

Thank you for your insight.
鋭い意見をありがとう

A ： ...so that's why I think we need to be especially
　　cautious.
　　…だから特に注意を払わなくてはいけないんだ。
B ： Thank you for your insight. It's really helpful.
　　鋭い意見をありがとう。すごく助かるよ。

advice や comment で表現し切れない貴重な意見には、
insight を使ったこんなフレーズでお礼を言いましょう。
わざわざ **insight** と表現することで、相手の鋭さをほめ称
えることになります。

060 ｜ Chapter2 ワンランク上の表現ができる単語 19

have insight into ...
…を見抜く、眼識がある

A: I heard that George's father was a politician.
ジョージのお父さんは政治家だったんだって？

B: Yes, that's why he has special insight into politics.
ああ、だから彼は政治に鋭いんだ。

何かに深く精通している様子を言います。逆の表現で、**have limited insight into** なら「限定された眼識をもつ」→「…を十分に理解していない」となります。

insightful question
鋭い質問、つっこんだ質問

A: If the risks are too high, can we do anything to lower them?
リスクがあまりに高いなら、軽くするために何かできる？

B: Thank you for that insightful question.
鋭い質問をありがとう。

insightful で「洞察力のある」「読みの深い」というニュアンスになります。

tips

堅い表現のため、うまく使えば知的な印象を相手に与えることができます。**insight into the nature of ...**（…の本質を見抜く力）や **gain insight into the risk of ...**（…のリスクを見抜く）などの言い回しも、ぜひ使いこなしましょう。

#04/19_insight | 061

#05/19

solution

ビジネスでは非常に大事な言葉

「ビジネスは問題だらけ」とよく言われますが、**solution** に集中すれば前進します。**problem** は歓迎されませんが、**solution** は誰からも喜ばれるはず。時々、**solve a question** と言っている人を見かけますが、「問題を解決する」なら **solve a problem** です。**solve** と **problem** は、ほぼセットで使う言葉だと考えていいでしょう。**solve** や **solution** は非常に好感の持たれる言葉ですから、積極的に使うようにしましょう。

find a solution
解決策を見つける

A : Our sales are slowly dropping.
　　売り上げが徐々に落ちている。

B : Let's call everyone together and find a solution.
　　みんなを呼んで解決策を見つけよう。

find a desired solution（望ましい解決策を見つける）や find a different solution（別の解決策を見つける）などの応用表現も覚えましょう。

the better solution
より良い解決策

A : We could either fire Alice or try to change her attitude.

062 | Chapter2 ワンランク上の表現ができる単語 19

アリスを解雇するか態度を変えさせるかだ。

B: Which do you think is the better solution?
どちらがより良い解決策だと思う？

have a better solution で「より良い解決策がある」。最上級を使った the best solution なら「最善の解決策」です。

fundamental solution
根本的な解決策

A: I think I can fix it temporarily.
一時的にそれを修理できると思う。

B: That's good, but we need to find a fundamental solution.
それはいいけど、根本的な解決策を見つけないとね。

「根本的な解決策を手に入れる」なら obtain a fundamental solution です。

tips

「solve と problem はセットで使う言葉」と最初に書きましたが、solution と problem でもそれは同じです。a solution to a problem で「問題に対する解決策」となり、I think I might have a solution to that problem. は「その問題に対する解決策があるように思う」となります。最上級を使った the best solution なら「最善の解決策」。常に the best solution を目指すようにしましょう。

#06/19

revamp

よくする、改善する

change と revamp の違いはわかりますか？　いずれも「変化」を表わしますが、change がおもに「変更」を指すのに対し、revamp は「改造、改善」を意味します。そのため change を嫌がるネイティブは大勢いますが、revamp にはさほど抵抗を感じないようです。

ビジネスの場で何か変化を求めるなら、revamp を使って交渉したほうが周囲からの反対も少なく、スムーズに話を進められるでしょう。

revamp something
見直す

A : Sales have been weak for a long time.
売り上げが長いこと落ち込んだままだ。

B : We need to revamp our product lineup.
商品のラインナップを見直すべきだよ。

revamp は本来「改良する」ですが、文脈によっては「見直す」「練り直す」と表現すると自然な日本語になります。

revamp project
改造プロジェクト

A : We need to make some major changes to our sales strategy.

064 | Chapter2 ワンランク上の表現ができる単語 19

販売戦略をもっと大きく変えないと。

B: If you'd like, I could start a revamp project.
もしよければ、改造プロジェクトを始めるけど。

revamp sales process（販売プロセスを見直す）や revamp the inventory（在庫を見直す）などもよく使われます。

a complete revamp
全面的な改革

A: Should we try to improve the current system?
現在のシステムを改良したほうがいい？

B: We need a complete revamp.
全面的な改革が必要だよ。

似た表現に、revamp ... from the ground up（…を徹底的に改良する）などがあります。

tips

revamp はおそらく普通の英会話本では紹介されていない単語でしょうが、社会の変化が急激に進む現在、ビジネスでは非常によく耳にする言葉です。undergo a revamp（改革を経験する）や revamp one's relationship（人間関係を見直す）の他、launch a revamped site（リニューアルしたサイトを公開する）など、さまざまな意味、フレーズで使われています。

#06/19_revamp | 065

#07/19
impress

心に残る表現をするなら

impress は「好印象を与える」「感動させる」「感心する」など、おもに良い意味で用いる言葉です。穏やかでとても耳障りがいいので、感想やアドバイス、ほめ言葉に使えば誰からも喜ばれます。great や wonderful といった直接的なほめ言葉もいいのですが、She really impressed me.（彼女はとても印象的だった）のように言うと、より深く心に残る表現に。ワンランク上の会話を目指すなら、ぜひオススメです。

be impressed by
…に感心する

A : I was really impressed by how careful Linda is.
リンダが几帳面でとても感心したよ。

B : Yeah, she's really dedicated.
ああ、彼女はすごく熱心なんだ。

be impressed by で、他に「…に感動する」「…に感銘を受ける」「…に好印象を持つ」などの意味になります。何かに心を動かされた時に使うといいでしょう。

impress someone as
（人に）…という印象を与える

A : Sally impresses me as a good manager.
サリーはいいマネージャーだって印象だ。

Chapter2 ワンランク上の表現ができる単語 19

B: I agree. Her team really respects her.
そうだね。チームがすごく彼女のことを尊敬しているんだ。

ほめ言葉によく使われる表現です。**impress someone as reliable** なら「信頼のおける印象を（人）に与える」。

impress on someone the importance of ...
（人に）…の重要性を痛感させる

A: What's the purpose of this training session?
この講習会の目的は？
B: We need impress on everyone the importance of quality.
品質の重要性をみんなに痛感させる必要があるんだ。

impress には「強く認識する」という意味もあり、**impress on someone the importance of** …で「…の重要性を強く認識させる（痛感させる）」です。

tips

「印象を残す」なんてちょっとかしこまった表現をしたいなら、名詞の impression を使ってみましょう。**He had a big impression on me.**（彼は私に大きな印象を残した）と言えば OK です。big の代わりに strong や deep、favorable といった形容詞を入れれば、さまざまな応用表現になります。

#07/19_impress | 067

#08/19

share

今、一番「旬」な言葉

もしかしたら、最近もっとも新しく「日本語化した英語」が
share かもしれません。Tweet などの情報を共有させてほし
い時、気軽に「シェアして」などと依頼していますが、まさに
その「シェア」こそ、英語の share になります。

他に、ピザなどを一緒に分けて食べる時の「シェアしよう」も
そうですし、共同生活を送る「シェアハウス」などはまさにそ
のまま。ほぼ正しいニュアンスで share が日本語化している
と言っていいでしょう。このイメージのまま、ビジネス会話で
も share を使ってみましょう。

share one's thoughts
…の考えを話す

A : Could you share your thoughts about this project?
　　このプロジェクトに関するきみの考えを話してもらえ
　　る？

B : Sure. I think it will be a big success.
　　もちろん。大成功すると思ってるよ。

share には考えや感情を「(人) に伝える」という意味も。

share information with someone
(人と) 情報を共有する

068 │ Chapter2 ワンランク上の表現ができる単語 19

A : I need to share some important information with you.
きみと重要な情報を共有する必要があるんだ。

B : Thanks. I'll be careful with it.
ありがとう。取り扱いには注意するよ。

最近は、Tweet や画像の共有など、さまざまな情報に対して用います。

share a common goal
共通の目的を持つ

A : Do you think we should team up with ABC?
ABC 社と提携するべきかな？

B : Yes, I do. We share a common goal.
ああ。われわれは共通の目的を持っているよ。

「同じビジョンを持つ」なら share a common vision です。

share time
時間を共有する

A : I'm really glad that we could share some time together.
一緒に時間を過ごしてとても楽しかったです。

B : Thanks. I really enjoyed working with you.
ありがとう。一緒に働けてとても楽しかったです。

「時間を共有する」、つまり「共に過ごす」という意味になります。share a burden（負担を分ける）、share a goal（目的を共有する）などの表現もぜひ覚えてください。

#08/19_share | 069

#09/19

commit

強い決意を表わす

日本語にない概念の言葉が **commit/commitment** でしょう。
commit a crime（犯罪を犯す）のように犯罪関係の用語とし
ても使われますが、ビジネスではおもに「（何かを）やると決
意する」際に用います。

「絶対にやる」より強く、何かをやらざるを得ない立場に自分
を追い込むニュアンスがあるため、とても好印象です。「…す
るぞ」のように決意表明する際、強気の姿勢をうまく出せるた
め、大統領の演説などでも好んで使われます。

commit oneself to ...
…すると確約する、…する決意だ

A : Do you think you can do this job? It's really hard.
　　この仕事、できそう？　すごく大変なんだけど。

B : Yes, I've already committed myself to succeeding.
　　うん、引き継いでやるってもう決めてるよ。

commit oneself to ... は何かを決意した時に使う言葉。「全
力を尽くしてやると約束する」くらいの強い表現になりま
す。

have a commitment
やらなくてはいけないことがある

A: Can you come to the meeting on Friday morning?
金曜の朝の会議に来れる？

B: I'm afraid I already have a commitment.
悪いけど、やらなくてはいけないことがあるんだ。

よく「先約がある」と訳されますが、**commitment** には「破れない約束」という意味があるため、実際は「やらなくてはいけないことがある」というニュアンスになります。

need someone's commitment
絶対の約束がほしい、責任を必要とする

A: I'll do it if I have time.
時間があったらやるんだけど。

B: That's not good enough. I need your commitment.
それは困ったね。絶対にできるって約束してほしいんだ。

きちんと責任をもって何かをやってもらいたい時に使う言い回しです。「言質を取る」に近いニュアンスになります。

tips

最もよく使うのは **commit to ...**（全力を注いでやる）で、**I'll commit to that.** なら「それに全力を注ぐよ」。
受動態の **be committed to ...**（…に打ち込む）も同様の意味合いになり、**I'm very committed to ...** なら「私はとても真剣に…に取り組んでいる」となります。

#09/19_commit

#10/19

values

アメリカ人が重要視する言葉

アメリカ人は、「お金の value（価値）よりも『何を大切にするか』という values（価値観）を重要視する」と言われています。

改めて人に「自分の信念に基づいた…だ」と宣言するような時に用い、道徳的な話題はもちろん、職場や家庭など日常のさまざまなシーンで使われます。

日本語だとやや堅く感じるかもしれませんが、個人主義に重きを置く欧米では非常に重要な言葉。**This is a values-based decision.** と言えば、「これは自分なりの価値観に基づいて下した決断だ」と胸を張って答えるような言い回しになります。

(one's) basic values
基本的な価値観

A : Do you think we should break our contract with ABC?
　　ABC 社との契約を破棄するべきかな？

B : No, we can't ignore our basic values.
　　いや、うちの基本的価値観を無視することはできないよ。

governing values（最も重要な基本的価値観）、**general values**（一般的な価値観）などもあわせて覚えましょう。

072 ｜ Chapter2 ワンランク上の表現ができる単語 19

share common values
価値観を共有する

A: Do you think the merger will go smoothly?
　合併はスムーズにいきそうかい？
B: Yes, I do. We share a lot of common values.
　ああ。かなりの価値観を共有しているからね。

「共通の価値観を育てる」なら cultivate common values、「見いだす」なら discover を使いましょう。

true to one's values
自分の価値観に忠実である

A: Why don't you just give up and take the bribe?
　諦めて賄賂を受け取ったら？
B: No, I'm going to stick to my values.
　いやだ、私は自分の価値観に忠実でいるつもりだ。

「自分の価値観に…だ」という言い回しがネイティブは大好き。according to one's values なら「自分の価値観に基づいて」、clarify one's values で「自分の価値観を明確にする」。

tips

あえて values を使うことで、「真剣に考えたうえでの発言だ」という雰囲気を伝えることができます。ちなみに、**He lacks values.** だと「彼は価値観が欠けている」、つまり「彼はお金のためなら何でもする」という意味になるので、人からこう言われないよう注意しましょう。

#10/19_values | 073

#11/19

truly

心の底からの思いを伝えるなら

truly といえば「本当に」がまず思い浮かぶでしょうが、「心から」「誠実に」というイメージもぜひ覚えてください。

たとえば、もし謝罪するなら I'm really sorry.（本当にすみません）が定番表現ですが、really のかわりに truly を使って I'm truly sorry.（心から申し訳ありません）と言えば「心底すまないと思っている」という誠実さが伝わります。

「心の底から…」という真摯な思いを表現するなら、ぜひこの言葉を使ってみてください。

be truly amazing
本当に驚くような

A : This new design is truly amazing.
　　この新しいデザインは本当に驚くようだ。

B : I know. I've never seen anything like it.
　　そうだね。こんなのは見たことがない。

truly を使うことで、「本当に」と驚きを強調します。

be truly sorry
心から申し訳なく思う

A : I'm truly sorry about the delay.
　　遅刻してしまい本当に申し訳ありません。

074 ｜ Chapter2 ワンランク上の表現ができる単語 19

B： Don't worry. I know you tried your best.
　　 大丈夫。一生懸命がんばったのはわかってるから。

心の底からお詫びする時の定番表現で、こう言えば本当に
申し訳ないと思っていることがきちんと伝わります。

be truly grateful
心から感謝する

A： I'm truly grateful for all your advice.
　　 アドバイスには心から感謝しています。

B： It was my pleasure.
　　 どういたしまして。

お礼を言うなら be truly grateful for ... で「…に心から
感謝する」。

truly understand
正しく理解する

A： Do you want to read more about this issue?
　　 このことについてもっと読んでみたい？

B： Yes, I want to truly understand it.
　　 ああ、それについて正しく理解したいね。

「偽りなく」「事実の通りに」という意味の truly で、「…
の歴史を正しく理解する」なら truly understand the
history of ... となります。

#11/19_truly ｜ 075

#12/19
comfortable

満足感を伝える

comfortable といえば、ゆったりと寛いだとてもいいイメージの言葉です。よく「心地よく感じる」と訳されますが、ネイティブの感覚からすれば「心地よく感じる」→「満足する」というニュアンスに近い気がします。

否定形で使われる場合、解釈にひとひねり入れて、**not feel comfortable ...ing** なら「…することに満足しない」→「…するのはあまりいい気がしない」と訳すといいでしょう。ソフトな言葉のため、たとえ厳しい内容を伝える時でも穏やかな表現になります。

feel comfortable with
…に満足する

A : Do you feel comfortable with this decision?
この決定で満足かい？
B : Yes, it's the right thing to do.
ああ、それが正しい選択だ。

直訳は「…と一緒にいて心地よく感じる」ですが、ここでは「…に満足する」と訳すとしっくりきます。

not feel comfortable ...ing
…するのはあまりいい気がしない

076 | Chapter2 ワンランク上の表現ができる単語 19

A: Don't you want to reorganize the company?
会社を再建したくないのかい？

B: Yes, I do, but I don't feel comfortable firing John.
したいけど、ジョンを解雇するのはあまりいい気がしない。

直訳は「…することに心地よさを感じない」ですが、転じて「…するのは気持ちのいいものではない」「…するのはあまりいい気がしない」とするといいでしょう。

not get too comfortable
当たり前だと思ってはいけない

A: This new system allows us to make money without doing anything.
この新しいシステムは、何もしなくても儲けさせてくれるんだ。

B: That's true, but we can't get too comfortable.
そうだけど、それが当たり前だと思ってはいけないね。

「あまりに心地良く思ってはいけない」→「心地いいのが当たり前だと思ってはいけない」と解釈します。

tips

個人のライフスタイルが重視されるようになり、**comfortable lifestyle** という言葉もよく耳にします。これなども直訳は「快適な生活様式」ですが、「満足いく暮らし」と解釈するといいでしょう。

#12/19_comfortable | 077

#13/19

focus

注意を喚起する

カタカナの「フォーカス」といえば、レンズの「ピント」や「焦点」を思い浮かべる人が多いはず。しかし英語の **focus** は「(注意・関心の)中心、焦点」というニュアンスから、会話ではおもに「集中力」「注目」などの意味合いで用いられます。

focus を使ったフレーズとして **focus on**（…に集中する）や **focus attention on**（…に着目する）、**have good focus**（集中力がある）などが一般的ですが、ビジネスの場ではもう一手間かけた言い回しも覚えたいもの。ぜひ次のようなフレーズも使ってみてください。

---

need to focus on ...
…に注目する必要がある

A : We need to focus on the ABC project.
　　ABC プロジェクトに注目する必要がある。

B : Okay, I'll give it my best effort.
　　わかった、最善の努力をするよ。

会議などでよく使う言い回しです。We を主語にすることが多く、他の動向に注意を促す際によく用いられます。

078 │ Chapter2 ワンランク上の表現ができる単語 19

lose focus
集中力を欠く、まとまりがつかなくなる

A: Why don't we talk about the new campaign now?
今、新しいキャンペーンについて話し合わない？

B: Let's not lose focus on the budget.
予算に集中しよう。

not + lose focus で「集中力を失わない→集中する」となります。集中力を喚起する際、よく用いるフレーズです。

shift the focus from A to B
AからBへ焦点を移す

A: Do you think we need to shift the focus from the budget to the campaign?
予算からキャンペーンに焦点を移すべきかい？

B: Yes, the campaign is more important now.
ああ、今はキャンペーンのほうがより重要だ。

話題の中心となるテーマを変更する際、用いる言い回しです。やや堅い表現のため、会議など公の場で好まれます。

tips

focus of ...（…の的）は、ビジネスだけでなく日常でも頻繁に使える言い回しです。focus of attention（注目の的）、focus of public/world attention（世間／世界の注目の的）、become the focus of attention（注目の的になる）などの表現もあわせて覚えておきましょう。

#14/19

boost

一気によくする、改善する

「レベルアップ」が英語では通じないって、ご存知でしたか？
日本人はよく「…アップ」という言葉を使いますが、そのほとんどが和製英語のため通じません。

その代わりにビジネスで使ってほしいのが、**boost** です。
boost ... to the next level がまさに「レベルアップする」と同じニュアンスの言葉で、他にも「引き上げる」「強化する」「促進する」など、上向きなイメージで使われます。

ポジティブな方向に急上昇するイメージが強いため、会話にうまく取り入れれば、人のやる気を引き出せるでしょう。

---

boost one's confidence
信頼を高める

A : The boss offered to pay for English classes.
　　上司が英語のクラスを用意するって提案したんだ。

B : That will really boost our confidence.
　　それはうちの信頼をとても高めるね。

boost を使うことで、「高める」だけでなく「強化する」というニュアンスも含まれます。**boost consumer confidence** なら「消費者の信頼を高める」。

080 | Chapter2 ワンランク上の表現ができる単語 19

boost one's energy
活力を高める

A: I think we should have a lunch party on Monday.
月曜にランチパーティを開くべきだよ。

B: That's a great way to boost everyone's energy.
みんなのやる気を高めるいい方法だね。

直訳が「エネルギーを引き上げる」であるように、「やる気を高める」「活を入れる」といった意味のフレーズになります。

boost productivity
生産性を向上させる

A: Having regular meetings improves communication.
定期的な打合せはコミュニケーションをよくする。

B: Yes, and that can really boost productivity.
そうだね、生産性もかなり高めるし。

boost worker productivity で「労働者の生産性を高める」、boost convenience なら「利便性を高める」です。

tips

give someone a boost（[人]を後押しする）のように名詞形でも同様に使われます。ロケットを発射する際、推力を増強するのに booster（ブースター）が使われますが、boost という言葉にはまさにそんな「爆発的な勢いで増強させる」イメージを持つといいでしょう。

#15/19

respond

今のビジネスでは素早い対応を

「レスポンス（response）」は最近では「レス」と省略される
ほど、日本でも馴染み深い言葉となりました。IT 社会では素
早い対応がものを言うため、以前よりも頻繁に **respond** や
response という言葉が使われるようになった気がします。
「素早く対応する」「危機に対応する」など、ビジネスでも毎日
のように口にする言葉です。いざという時、すぐ英語でも表現
できるよう、さまざまな言い回しを身につけてください。

---

respond quickly
素早く対応する

A : What will happen if sales start to drop?
　　売上げが落ち始めたらどうなるだろう？

B : Don't worry. We'll respond quickly.
　　大丈夫だ。うちは迅速に対応できるよ。

respond と quickly はセットで覚えましょう。**respond
quickly to change**（変化に素早く対応する）などの表現
もあります。

---

respond to a situation
状況に対応する

A : How was your company able to avoid bankruptcy?
　　どうやって倒産を避けられたの？

---

082 | Chapter2 ワンランク上の表現ができる単語 19

B : We responded to the situation by cutting our costs.
コストを削減することで状況に対応したんだ。

respond to a crisis situation で「危機的状況に対応する」。

decisive response
最終回答

A : Jack told the client that we'd give them a big discount.
ジャックが顧客に大幅に値引きすると言ったんだ。

B : That was a decisive response.
それが最終回答だったんだよ。

「最終回答」の他、「断固とした返事」という意味も。make a decisive response なら「最終回答をする」「断固とした対応をとる」です。

tips

「すぐに対応できます」なんてサラッと言えたら、評価も上がるはず。形容詞の responsive を使い、I can be responsive. と言えば「すぐに対応できます」という意味に。responsive の1語で「反応が早い」「敏感に反応する」という「今風な意味」になるため、さまざまな新しい言葉も生まれています。最近よく目にする responsive web design と言えば、操作性に優れたウェブ・デザインのこと。他にも responsive app（反応性の［操作性に優れた］アプリケーション）など、さまざまな IT 関係の言葉に responsive が使われているようです。

#15/19_respond | 083

#16/19

strategy

知的かつ好戦的な言葉

本来、軍事用語として使われていた言葉が、競争社会の激化とともに一般にも使われるようになりました。

ビジネスにおける「戦略」、また目標を達成するための「策略」という意味でも使われ、知的でありながら好戦的なイメージの言葉です。気軽な会話にはやや不向きですが、経営会議など議論を闘わせる場で用いると効果的です。

develop a strategy
戦略を立てる

A : What should we do first?
　　まず初めに何をやるべき？

B : We need to develop a good strategy.
　　いい戦略を立てる必要がある。

develop a brand strategy なら「ブランド戦略を展開する」。

a strategy for dealing with
…に対処する戦略

A : We need to have a strategy for dealing with this problem.
　　この問題に対処する戦略を立てなくては。

B : Okay, let's brainstorm on this.
　　わかった、このことでブレインストーミングしよう。

084 | Chapter2 ワンランク上の表現ができる単語 19

best strategy for dealing with で「…を処理する最善の策」。

a strategic plan
戦略計画

A : If this problem happens again, we'll have to do something.
この問題がまた起きたら、何かしなくてはいけないだろう。

B : Let's develop a strategic plan now.
今、戦略計画を立てよう。

create/make a strategic plan でも同じような表現に。

strategic thinking
戦略的思考

A : Nancy has great strategic thinking skills.
ナンシーはすごい戦略的思考を持っている。

B : Right. That's why she's such a great manager.
ああ。だから彼女はいいマネージャーなんだ。

strategic acquisition（戦略的買収）、strategic advertising（戦略広告）などもビジネスではよく使われます。

 tips

marketing strategy（マーケティング戦略）や core strategy（核となる戦略）など、ビジネス用語として頻繁に使われています。

#17/19
definite

はっきり明言するなら

ビジネス会話では、曖昧な表現は嫌われます。一方、**definite**のように明確さを表わす言葉は、非常に好まれます。

definite aim（明確な目標）や **definite belief**（明確な信念）といった表現は、「誰が見てもはっきりわかる」「自信を持って断言できるだけの」という意味が含まれるため、とても好感が持たれます。本来、**definite** のような形容詞は使わなくてもいいのですが、それをあえて使うことで、あなたの「自信」が伝わるでしょう。

a definite answer
確かな返事

A : I kind of want to go but I'm not sure.
行ってみたいんだけど、はっきり行けるかわからないな。

B : I'm sorry, but I need a definite answer today.
悪いけど、確かな返事がほしいんだ。

イエスかノーかのように、はっきりした返事がほしい時に使う決まり文句です。

a definite increase
明確な増加

086 | Chapter2 ワンランク上の表現ができる単語 19

A : Sales have kind of been increasing.
　　売上げがやや増加している。

B : What can we do to create a definite increase?
　　はっきり増加に転じるにはどうすればいい？

「（誰が見ても）明らかに」という意味の **definite** です。

make a definite decision
明確な判断を下す

A : Are you going to go to the seminar next month?
　　来月はセミナーに行くつもり？

B : I'll make a definite decision about that tomorrow.
　　それは明日はっきりさせるよ。

応用表現の **make a definite appointment**（確約を取りつける）や **make a definite conclusion**（計画な結論を出す）なども多用します。

definitely be true
間違いなく事実だ

A : It seems like our current supplier is too slow.
　　うちの今の仕入れ先はあまりに遅いみたいだけど。

B : That's definitely true.
　　間違いなくそれは事実だ。

相手の発言内容に間違いがないと言う時の決まり文句。相手の発言を全肯定するなら、**Yes, definitely.**（そう、その通り）も定番表現です。

#17/19_definite

#18/19
core

物事の核となる中心を指すなら

「核心を突く」「核心に迫る」など物事の本質について語る際、日本語では「核」という言葉を使いますが、それに相当する英語が core です。

「核心」というくらいですから、ビジネスでも重要な局面で使います。日常でそう使うことのない堅い言葉ですから、あえて口にすれば真摯に問題に向き合っていることが伝わるでしょう。

the core of the problem
問題の核心

A： This is a really complicated situation.
これは本当に複雑な状況だ。

B： I know. We need to get to the core of the problem.
そうだね。問題の核心を理解しないと。

「問題の核心を突き止める」なら identify the core of the problem、「問題の核心に切り込む」なら cut to the core of a problem となります。

core values
基本的価値観

A： Maybe we can just dump the chemicals in the river.
河に化学薬品を投棄するのはどうかな。

088 | Chapter2 ワンランク上の表現ができる単語 19

B: No, that's against our core values and illegal!!
ダメだ、それはうちの基本的価値観に反しているし、違法だ!!

core values で「核となる価値観」→「基本的価値観」と解釈し、**define core values** なら「基本的価値観を明確にする」です。

the core issue
核心問題、中心議題

A: Should we talk about the seminar next year?
来年のセミナーについて話すべきかな?

B: No, let's just focus on the core issue.
いや、ちょっと核心問題に集中しよう。

core issue in talks で「会議の中心議題」。

core competency
核となる力、業績達成能力

A: What do you think our core competency is?
うちの核となる技術は何だと思う?

B: Our ability to create innovative products.
画期的な商品を作る技術だ。

物事の中核となる力や技術を言います。

tips

He's honest to the core. なら「彼は心底正直者だ」となります。

#18/19_core | 089

#19/19

fact

あらためて事実だと強調するなら

fact と truth、事実を指すのはどちらでしょうか？　ややこしいのですが、**truth** は「真実だと信じられていること」を指し、fact は「現実に起こった（起こりつつある）事実」を言います。つまり、「事実」に対しては **fact** を使うのが正解です。

そう頻繁に使う言葉ではありませんが、あえて使うなら、改めて事実だと強調したい時。想像や作り話ではなく「事実だ」と明確にするのであれば、ぜひ **fact** を使って表現しましょう。

That's a fact.
それは事実だ。

A : This new client isn't going to be easy to please.
　　この新しい顧客はそう簡単に満足しそうにない。

B : That's a fact. We'll have to work hard.
　　それは事実だ。一生懸命やらないとね。

相手の発言が事実だと強調する時の決まり文句。

(look at) the hard facts
厳然たる事実（を見る）

A : Maybe our sales will increase next month.
　　多分、来月うちの売上げは伸びるよ。

B : We have to look at the hard facts and make some changes.

090 | Chapter2 ワンランク上の表現ができる単語 19

厳然たる事実を見て、多少修正しないとね。

hard fact で「動かせぬ事実」「変えようのない事実」です。

understand the facts
事実を正しく把握する

A: Can you make your final decision today?
今日、最終決断できるかい？

B: No, I have to understand the facts first.
いや、まず初めに事実を正しく把握しないと。

類似表現に realize the fact（事実を認識する）なども。

as a matter of fact
実を言うと…

A: I thought you were going to transfer to London.
ロンドンに転勤すると思ってたよ。

B: As a matter of fact, the London branch has been closed.
実を言うと、ロンドン支社は閉鎖しているんだ。

「少し言いにくいんだけど」というニュアンスを含みます。

 tips

法律用語として fact が使われる場合、「犯行（事実）」という意味に。**fact-charged** で「起訴事実」となります。

Chapter3

人に好かれる単語

13

「単語に『人に好かれる・好かれない』なんて違い、あるの?」と思うかもしれませんが、あるんです!

同じような意味の言葉でも、単語の選び方・使い方によって人の印象は変わるもの。誰だって、できれば人を喜ばせたり、安心させたりするポジティブな単語を使いたいはず。ここではそんな「好印象・間違いなし」の13単語を紹介します。

#01/13

savvy

ポジティブなものを作り出す

Savvy? と聞かれて、どういう意味かわかりますか？ なかなか一般的な英会話本では紹介されていませんが、ネイティブが意外によく使う言葉です。映画『パイレーツ・オブ・カリビアン』でも、主人公のジャック・スパロウが **Savvy?** と言っていたことから一時、流行語にも。

「(事情に)精通している」という意味合いで、同じ形で動詞、名詞、形容詞として使われます。最近メディアでよく聞く **tech savvy** なら「テクノロジーに精通した」となり、情報化とともに頻繁に使われるようになった単語といえます。

Savvy?
わかった？

A : I'll finish this some time next week.
　　来週、時間のある時にこれを終わらせるよ。

B : No, it has to be done by Tuesday. Savvy?
　　だめだ、火曜までに終わらせないと。わかった？

映画『パイレーツ・オブ・カリビアン』でジャック・スパロウが口癖のように言っていたのが、この **Savvy?** です。

savvy someone
有能な（人）

094 | Chapter3 人に好かれる単語 13

A: I'm glad Sally realized there was a serious problem.
深刻な問題があったことをサリーがわかってよかった。

B: I know. She's a savvy manager.
そうだね。彼女は有能なマネージャーだから。

ほかに **savvy investor**（情報通の投資家）など、「精通した」「抜け目ない」といったニュアンスで使われます。最近は、人に対する **business savvy**（ビジネスに精通した）や **IT savvy**（IT に精通した）などという評価も耳にします。

street savvy
ある世界に精通していること

A: I heard Mary went to Africa to look for investment opportunities.
投資機会を求めてメアリーはアフリカに行ったんだって。

B: She has street savvy, so she'll probably succeed.
彼女はあの辺に詳しいから、多分成功するよ。

street savvy とは、表立って習わないものの生きていく上で必要な知恵のこと。そこから **have street savvy** なら、たとえどんな逆境でも生き抜くだけの知識がある人を指します。

tips

be savvy to で「…に通じている」なので、**Are you savvy to ...?** なら「…について詳しいの？」と相手の知識をたずねる質問に。ビジネスだけでなく日常的に使える表現です。

#01/13_savvy | 095

#02/13

guarantee

人を安心させる

ネイティブがよく使う単語で、日本人にあまり馴染みがないものといえば **guarantee** でしょう。

辞書には「（…は確かだと）保証する、請け負う」とあり、公的文書で用いるようなやや硬い印象があります。しかし実際は「私が保証するから大丈夫、心配しないで」というニュアンスで、人を安心させたい時、日常的に使われています。

No problem.（大丈夫）よりずっと心強い声かけになるので、サラッとこんなフレーズが言えれば、間違いなく「できる人」に見られるでしょう。

I (can) guarantee it.
保証するよ。

A : Are you sure that we can still get reservations?
本当にまだ予約できるの？

B : Yes, I can guarantee it.
ああ、保証するよ。

「絶対、大丈夫だ」に近いニュアンスで、自分の発言にある程度の自信を持っている時に使うフレーズ。こう言われたら、相手もほっとします。

I (can) personally guarantee that ...
…を個人的に保証する（太鼓判を押すよ）

096 | Chapter3 人に好かれる単語 13

A : I can personally guarantee that John can do this job.
ジョンならこの仕事ができるって、僕が保証するよ。
B : I'll hold you to that.
その言葉を忘れるなよ。

個人的な意見だが、間違いなく大丈夫だということを強調したフレーズ。「太鼓判を押すよ」に近い言い回し。

You have my guarantee.
私が保証するから大丈夫。

A : I hope we can get there by 3:00. I'm really worried.
3時までにそこへ着きたいんだけど。すごく心配だ。
B : Don't worry. You have my guarantee.
心配するな。僕が保証するから大丈夫だ。

直訳は「あなたは私の保証を持っている」、転じて「私が保証するから大丈夫」と相手を勇気づける時に使います。

tips

いずれも頼りになる言い回しですが、強いて一番心強いフレーズを選べば、**You have my guarantee.** でしょう。「私が保証するんだから、大丈夫だ」と、説得力のあるひと言になります。
微妙なニュアンスを出すなら、「大体」を表す almost を使いましょう。**I can almost guarantee that our president will be on time.** で「まず間違いなく社長は時間通りに来る」と、100％の確信に近い表現になります。

#03/13
dazzle

人を喜ばせる

この言葉を初めて見たという人も多いはず。日本人にはあまり馴染みがないかもしれませんが、英会話では非常によく耳にする表現です。

ネイティブにとってのイメージは、「思わず目がキラキラするようなこと」。本来の意味は「(目がくらむほど)明るい、まばゆい」ですが、転じて「(目を見張るほど)素晴らしい」というほめ言葉に使われます。**very good** の代用表現とも言えますが、素晴らしさに対する「驚き」や「喜び」も含まれる点で、**very good** より好印象に。商談の席で、ぜひ相手に使ってみてください。

be dazzled by
感嘆する

A： I was dazzled by John's knowledge.
ジョンの博学ぶりには驚いたよ。

B： Yes, he seems to know everything.
ああ、彼は何でも知っているみたいだよ。

人の才能や行動に対して **be dazzled by** を使えば、「感嘆した」「圧倒された」と、その見事さを称える表現になります。

a dazzling performance
見事なパフォーマンス

A: Do you think they liked my presentation?
ぼくのプレゼン、気に入ったと思う？

B: Yes, it was a dazzling performance.
ああ、見事なパフォーマンスだったよ。

dazzling なら「驚くほど素晴らしい」と感動も伝わります。**dazzling speech**（見事なスピーチ）、**dazzling presentation**（見事なプレゼン）など応用表現もさまざま。

a dazzling commercial
目立つ宣伝

A: Why did you choose the ABC Advertising Agency?
どうして ABC 広告会社を選んだの？

B: They're famous for their dazzling commercials.
目立つ宣伝で有名だから。

他に **dazzling debut**（輝かしい初舞台）など、「目立つ」「人目を引く」という意味でも使います。

tips

You dazzled me.（あなたは私を驚嘆させた→きみはすごい）のように、他動詞の **dazzle** もほめ言葉としてよく用います。**dazzle** を使うことで素晴らしさに驚いていることが伝わり、**dazzle A with B**（B で A を驚かす）のようにも表現できます。

#04/13

respect

価値を認める

respect =「尊敬する」と習ったでしょうが、ネイティブの感覚としては「価値があると認める、評価する」というニュアンスが一番しっくりくるように思います。

「尊敬する」という語には上下関係が含まれますが、本来 respect は目上・目下に関係なく、そのものの価値を評価する意味合いで用います。そのため英語では、たとえ相手が部下や子供であっても respect を使うことに注意しましょう。相手への敬意が感じられる、非常に好感の持てる言葉です。

respect someone for ...
…を尊重する、…に敬意を払う

A : I told my boss I wouldn't lie.
僕はウソをつかないって上司に言ったよ。

B : I respect you for your honesty.
きみが正直なのはわかってるよ。

直訳は「きみの正直さを尊重する」ですが、転じて「正直なのはわかっている」となります。他に respect A as B (A を B として尊重する) などの言い回しも。

respect someone's privacy
…のプライバシーを尊重する

A : Should we record all the telephone calls?

100 | Chapter3 人に好かれる単語 13

全部の電話を記録したほうがいい？

B: No, we need to respect our staff's privacy.
いいや、スタッフのプライバシーを尊重するべきだ。

他に **respect someone's autonomy**（…の自主性を尊重する）、**respect someone's dignity**（…の尊厳を守る）などもあわせて覚えておきましょう。

give one's respects to someone
…によろしく

A: I need to go back to the office now.
もう会社に戻らないと。

B: Okay, give my respects to George.
わかった、ジョージによろしくね。

別れ際の決まり文句で、人への挨拶を伝言する時に用います。**give one's regards to someone** も同じ意味に。

tips

人だけでなく、**respect for human rights**（人権の尊重）や **respect for public property**（公共財への配慮）など、さまざまなものに対して用います。また **I respect you for all your hard work.**（きみの頑張りは認めるよ）や **I respect you more than you know.**（きみが思っている以上に評価しているよ）のように、相手へのねぎらいの言葉としても喜ばれます。

#05/13
smart

今時のほめ言葉に

一昔前は、「スマート」といえば「やせている」で、英語としては通じないものでした（英語の smart に「やせている」という意味はありません）。しかし、最近はようやく日本でも「賢い」「高性能の」といった意味でも使われるようになり、ようやく本来の smart のニュアンスが広がったように思います。「粋な」「最新の」「気が利く」といったポジティブかつ知的なニュアンスもあり、ビジネスでは非常に好まれる言葉です。ほめ言葉としてうまく使えば、間違いなく相手のモチベーションを引き出せるでしょう。

a smart strategy
賢明な戦略

A： Let's make it clear who is responsible for what.
誰が何の責任をとるか明確にしよう。

B： That's a smart strategy.
それは賢明な戦略だ。

「賢明な戦略をとる」なら make a smart strategy、他に smart choice（賢い選択）や smart discussion（活発な議論）などもよく使われます。

102 | Chapter3 人に好かれる単語 13

work smart
頭を使って働く

A: We have a lot of work to do before the deadline.
   締切り前にやらなくちゃいけない仕事がたくさんあるんだ。
B: Everything will turn out fine if we work smart.
   頭を使って働けば、何事もうまくいくさ。

諺などでも使われる言い回しで、**Work smarter, not harder.** なら「やみくもにではなく、もっと頭を使って働け」となります。

think and act smart
賢く考えて立ち回る

A: This proposal is really risky.
   この提案はあまりにリスクが大きい。
B: That's why we need to think and act smart.
   だから賢く考えて立ち回らないといけないんだ。

「うまく頭を使って」というニュアンスの smart で、**play it smart** なら「気を利かせる」。

tips

「気が利く」と言うなら **be smart** で、人の発言に対して「気が利くね」と感心するなら、**That's very smart of you.** です。
もし「…するなんて気が利くね」と相手をほめるなら、**It's smart of you to ...** と表現するといいでしょう。

#06/13
team

組織の連帯感を引き出す

この本の読者の大半はサラリーパーソンだと思われます。会社組織で働く以上、みなさん team という単語とは切っても切れない関係にあるはず。

海外企業といつ合併するかもわからぬ時代ですから、そんな時はぜひこの team という単語を使って切り抜けてください。組織としての連帯感や、部下のやる気を引き出せるはずです。

on one's team
…の味方

A : Don't worry. I'll always be on your team.
　　大丈夫だよ。いつもきみの味方だ。

B : Thanks for all your support.
　　応援してくれてありがとう。

on your team で「あなたのチームだ」→「仲間だ」→「味方だ」というイメージです。

team spirit
団結心

A : That presentation really improved the mood.
　　あのプレゼンがすごく雰囲気を良くしたんだ。

B : That's true. It created a strong team spirit.
　　その通りだ。強い団結心を生んだよ。

104 │ Chapter3 人に好かれる単語 13

build team spirit（団結心を築く）や increase team spirit（団結心を高める）などの言い回しもあります。

(make a) team effort
チームとして取り組む

A: Do you think we'll be able to finish this project on time?
予定どおりにこのプロジェクトを終えられそう？
B: Yes, if we make a team effort.
ああ、チームで頑張ればね。

「チーム一丸となって努力する」という意味の言葉。

team up with
…と協力する

A: It looks like we're going to be forced out of business.
廃業に追いやられそうだ。
B: Maybe we can team up with one of our competitors.
ライバル社の1つと提携できるかもしれない。

状況により「提携する」「手を組む」などの意味にも。

 tips

「協調性のある人」なら「チームプレーをする人」と考え、**He's a team player.**（彼は協調性のある人だ）と言えばOKです。

#06/13_team | 105

#07/13

sure

人に確信を伝えるなら

オフィスでもプライベートでも、非常によく使われる言葉です。確認や交渉、同意、強調などさまざまなシーンで使えるため、ビジネス必須英単語といえるでしょう。**Are you sure?**（本当？）のように真偽を確かめるだけでなく、**She sure can.**（彼女ならきっとできる）と確実さを強調することも、また **I'm not sure.**（さあ、どうだろう）と曖昧な表現にも使えます。さまざまなフレーズを使いこなせるようにしましょう。

I'm sure ...
きっと…だ

A : I hope the negotiations go well.
　　交渉がうまくいくといいね。

B : I'm sure you'll do really well.
　　きっとうまくいくさ。

自信をもって発言する時に使うフレーズ。「きっと…さ」くらいのカジュアルなニュアンスに聞こえます。

Oh, sure!
いいね！

A : Are you interested in going to the seminar?
　　セミナーに行ってみる？

B : Oh, sure! I'd be happy to go.

106 ｜ Chapter3 人に好かれる単語 13

いいね！ 喜んで。

「絶対に！」に近いニュアンスでも使われます。

sure do
本当に…だ

A: You sure do know how to talk to people.
きみは人にどう話をすればいいか、すごくよく知っている。
B: Thanks. I really enjoy my job.
ありがとう。とても楽しく仕事をしているよ。

do を強調する表現で、It sure does. なら「本当にそうだね」。

a surefire way
必勝法、確実な方法

A: Do you have any ideas for increasing sales?
売上げを伸ばすのに何かアイデアはある？
B: Yes, I know a surefire way.
ああ、確実な方法を知ってるよ。

surefire で「成功間違いなしの」という形容詞なので、surefire hit なら「ヒット確実の」という意味。

 tips

a sure thing で「確実なもの」なので、It's a sure thing. と言えば「確実だ（間違いない）」と自信のある時の返事になります。また、何かを聞かれて「そうだね」「いいよ」などと同意するなら、Sure thing. だけで OK です。

#08/13
terrific

カジュアルに驚きを伝えるなら

terrific をネガティブな言葉だと思っていませんか？　実は会話などではよく「すごい」「素晴らしい」というポジティブな意味で、amazing や marvelous などと同じように使われます。時に「大変な」「恐ろしい」というネガティブな意味にもなりますが、考えようによってはどちらの意味でも使える「お役立ち形容詞」と言えるでしょう。カジュアルな表現ですから、うまく会話にはさみ込めばネイティブ風に聞こえます。

Terrific!
すごい！

A : It looks like we'll be able to finish three days early.
　　3日も早く終わらせられそうだ。

B : Terrific! Thanks for all your hard work.
　　すごい！　がんばってくれてありがとう。

驚きが強調される点で、ほめ言葉としても喜ばれます。

(have) a terrific time
素晴らしい時間

A : How was the trade show?
　　展示会はどうだった？

B : We had a terrific time and learned a lot.
　　学ぶことの多い非常に素晴らしい時間を過ごしたよ。

普通こういう時は **good time** を使いますが、あえて **terrific time** と言うことで「非常に素晴らしい」という強調表現に。

do a terrific job
うまくやる

A: How was my presentation?
私のプレゼン、どうだった？
B: You did a terrific job.
ものすごくよかったよ。

You did a good job.（よくやった）よりも大げさな表現に。

look terrific
とてもいい

A: What do you think about the new package design?
新しいパッケージデザインはどう？
B: It looks terrific! I really like it.
最高だ！ 気に入ったよ。

定番のほめ言葉。**It sounds terrific!**（すごくいいね！）も同じようなイメージで使われます。

相手の行動をほめるなら、副詞の **terrifically** を使い **You did terrifically.**（よくやった！）なんて表現もあります。やや大げさな表現ですが、その分、人のやる気を引き出すのにぴったりです。

#08/13_terrific

#09/13

excellent

ほめ言葉の最上表現

ほめ言葉というと、日本人がすぐに思い浮かべるのは **good** でしょう。しかしネイティブは **good** を「良い」だけでなく「悪くはない」程度のニュアンスでも使うため、ベストなほめ言葉ではありません。

そこでぜひ覚えてほしいのが、「最高だね」「やったね」など、さまざまな意味合いで使える **excellent**。たったひとこと **Excellent!** と言うのもいいですし、**excellent time** のように形容詞として使ってもいいでしょう。いずれにせよ、最上級のほめ言葉になります。

That's an excellent idea
それは素晴らしいアイデアだ。

A : Maybe we should combine the two plans.
　　2つの計画を組み合わせるといいかもね。

B : That's an excellent idea.
　　それは素晴らしいアイデアだ。

good idea だと「いい考えだね」程度ですが、**excellent idea** なら「この上なく最高のアイデアだ」というニュアンスに。ほめ言葉の定番表現です。

Excellent!
素晴らしい！

110 | Chapter3 人に好かれる単語 13

A : I sent the documents 15 seconds before the deadline.
締切りの 15 秒前に書類を送ったよ。
B : Excellent! Thanks for all your hard work.
すごい！　頑張ってくれて助かるよ。

日本語の「すごい！」と同様に、一言で表現するならこれです。飛び抜けて良い場合の、最上級のほめ言葉になります。

excellent someone
優秀な…

A : Have you ever worked with Sally?
サリーと一緒に働いたことはある？
B : Yes, she's an excellent manager.
ああ、彼女は優秀なマネージャーだよ。

excellent human resources（優秀な人材）や excellent researcher（優れた研究者）など、人に対して使えば優秀さをたたえる表現になります。

tips

「良い」の類語を最上級の表現から並べれば、ネイティブの感覚としては excellent → great → good → okay → fine といったところでしょうか。good が最も一般的な「良い」で、fine は「そこそこ良い」程度のニュアンスです。いつも同じほめ言葉ばかり使っていると、「何とかのひとつ覚え」になってしまうので、臨機応変にこれらの語を使い分けましょう。

#10/13
Let's

人を「やる気」にさせる魔法の言葉

人のやる気を引き出す・引き出さないは、言い方ひとつです。人に何かを指示しなくてはいけない時、人を「やる気」にさせる魔法の言葉が **Let's** です。

命令形で「…しろ」と頭ごなしに言われたら、誰だって嫌な気持ちになります。そんな時「(私も一緒にやるから) …しよう」と言い換えれば、「そうだね」と同意せざるを得ないもの。やる気を出すしかありません。

最初にたった一言 **Let's** とつけるだけで、キツい命令も穏やかに。部下や同僚はもちろん、上司にも使える便利な言葉ですから、ぜひ使ってみてください。

---

let's make sure
確認しよう

A : **Let's make sure everyone's name is on the list.**
全員の名前がリストにあるか確認しよう。

B : **Okay, I'll check it again.**
わかった、もう一度見てみる。

命令形で **Make sure ...** と人に言うと、「ちゃんと…したか確認しなさいよ」というキツい言い方に。**Let's make sure ...** なら「(間違いがないか) 一緒に確認しよう」となり、柔らかい言い回しになります。

112 | Chapter3 人に好かれる単語 13

let's be more careful
もっと気をつけよう

A: I can't believe I did such a stupid thing. I'm really sorry.
そんなバカなことをしたとは自分でも信じられないよ。本当にすまない。

B: Okay, but let's be more careful next time.
わかったよ、でも次はもっと気をつけないとね。

人に注意を促す時の決まり文句です。最後の **next time** を **in the future** にすれば、「これからはもっと気をつけよう」に。

let's not worry
心配するのはやめよう

A: I'm really worried about what the board of directors will say.
取締役が何て言うか、すごく心配だ。

B: Let's not worry about that right now.
今そのことを気にするのはやめよう。

「心配しないで」というと **Don't worry.** が思い浮かぶでしょうが、**Let's not worry ...** のほうがより親身な発言に聞こえます。ぜひこちらも使えるようにしましょう。

tips

打合せなどで急ぐ際、**Hurry up.** では「さっさとしろ」に近い失礼な言い方に。こんな時、**Let's hurry.** なら「急ごう」と穏やかな声掛けになります。

#10/13_Let's

#11/13
trust

誠実さを表わす

信頼関係が基本のビジネスで、最も大切な言葉こそこの trust でしょう。「信用」「信頼」を意味する trust は、ビジネスパーソンにはぜひ使いこなしてもらいたい単語です。

trust を数多く口にすれば、「信用」や「信頼」を大事にする誠実な人だと思われます。また人への信頼を言葉にすれば、相手もそれを意識して行動するように。ただしあまり使いすぎると、軽い人に思われ信用を失いますから、注意して使いましょう。

I know I can trust you.
信頼しています。

A : Don't worry, I won't tell anyone about this.
心配しないで、このことは誰にも言わないから。

B : Thanks. I know I can trust you.
ありがとう。信頼しているよ。

「あなたなら信頼できるはずだ」という念押しのフレーズとしても使えます。

win someone's trust
（人）の信頼を勝ち取る

A : Do you think we should change our contract with Jack?
ジャックとの契約を変えたほうがいいかな？

114 | Chapter3 人に好かれる単語 13

B: It's more important that we win his trust.
彼の信頼を勝ち取ることのほうが重要だ。

win を get に変えれば「信頼を得る」。win back someone's trust なら「(人)の信頼を取り戻す」となります。

trust one's judgment
…の判断を信じる

A: Do you want me to talk to you before I decide the price?
価格を決める前に話したほうがいい？

B: No, I trust your judgment.
いや、きみの判断を信じているよ。

人に判断を任せる時の定番表現。「自分の判断を信じる」なら trust one's own judgment。

trust A with B
A に B を任せる

A: Do you trust Linda with our most important client?
リンダにうちの一番大事な顧客を任せるの？

B: Yes, I do. I know she'll do a good job.
ああ。彼女ならいい仕事をするよ。

人を信じて何かを信託する時に使うフレーズ。**trust someone with money**（人にお金を預ける）という使い方も。

#12/13

appreciate

お礼やねぎらい、ほめ言葉にも

お礼やねぎらい、ほめ言葉にも使える「お役立ち単語」といえば appreciate です。I really appreciate ...（…にとても感謝している）など、相手を高く評価するニュアンスが含まれるため、誰からも喜ばれる表現になります。

取引先はもちろんのこと、**appreciate** を使って部下を励ませば、一層やる気も出るはず。あらたまった「きちんと感」を出せる言葉のため、フォーマルな場でも使えます。

appreciate one's contribution
…の貢献を高く評価する

A: I appreciate your contribution to my presentation.
　　プレゼンに貢献してくれて本当に感謝するよ。
B: Not at all. I'm glad I could help.
　　とんでもない。役に立ててうれしいよ。

人からの尽力にお礼を言う際の決まり文句。

I'd appreciate it if you would ...
…してもらえるとありがたい

A: I'd appreciate it if you would fax this.
　　これをファックスしてもらえるとありがたいんだけど。
B: I'll do it after I finish writing this.
　　これを書き終えたらやっておくよ。

116 | Chapter3 人に好かれる単語 13

ややかしこまって何かを依頼する際の言い回し。

appreciate (someone's difficult situation)
(人が大変なのは) 十分に理解している

A: I didn't have any time yesterday.
昨日はまったく時間がなかったんだ。
B: I appreciate that, but you still missed the deadline.
それは十分理解しているけど、それで締切に間に合わなかったんだね。

「大変なのは十分よくわかる」と相手をいたわるフレーズ。

appreciate (high) quality
(高) 品質を評価する

A: The client appreciated the high quality of our products.
クライアントがうちの商品の品質を高く評価していました。
B: That's great. Thanks for all your hard work.
それはよかった。がんばってくれてありがとう。

「…の良さを認める」「高く評価する」という意味に。

> **tips**
>
> **appreciate** には「相場が上がる」「値上がりする」という意味もあり、**appreciate by ...** %なら「…%値上がりする」。

#12/13_appreciate

#13/13

care

人への思いやりを伝える言葉

「ケアする」の care も、最近急速に日本語化した英語といえます。おもに「世話をする」「面倒を見る」の意味で使われて、その「気づかい」が care の中心イメージになります。

ビジネスで使う場合、それが「注意する」「気をつける」という意味に派生しますが、いずれも何かを大切にしたいという思いが根底にあります。care には、人への「思いやり」が込められていることを覚えておくといいでしょう。

---

care about
大切にする

A : Are you worried about industrial waste?
産業廃棄物について心配しているの？

B : Yes. It's important that we care about the environment.
ああ。環境を大切にすることは重要だ。

care about には、他に「気にかける」「心配する」「関心がある」などの意味も。

---

take (great) care
（十分）注意する

A : This is a very difficult client.
これはとても難しいクライアントだ。

B: I'll take great care when dealing with them.
　　彼らに対応するときは十分注意するよ。

take care には他に「取りはからう」「解決する」などの意味も。

choose something with (great) care
（最善の）注意を払って…を選ぶ

A: We have to find the best possible supplier.
　　一番有力な仕入先を選ぶべきだ。
B: Okay, I'll choose one with great care.
　　わかった、最善の注意を払って選ぶよ。

choose one's words with care なら「言葉を慎重に選ぶ」。

a caring attitude
思いやりのある態度

A: Sally is really good at helping people.
　　サリーは人にとても優しい。
B: I know. She has a caring attitude.
　　そうだね。彼女は思いやりがある。

tips

care には「関心を持つ」「好きだ」という意味もあり、**I don't care for school.** なら「私は学校に関心がない（学校が好きじゃない）」となります。

#13/13_care | 119

Chapter4

人を動かす単語
16

ビジネスでは、いかに人をうまく動かすかが成功のカギを握っています。

たとえば**passion**（情熱）は一見ビジネスには不向きですが、実は仕事への熱意がストレートに表われる非常に効果的な単語。

人を気持ちよく動かせるかどうかは、あなたの言葉次第です。

ここで効果的な単語の使い方を学びましょう！

#01/16
immediate

瞬時の対応を伝えるなら

「すぐにやって」と急かしているように感じられ、**immediate**
や **immediately** にネガティブな印象を持っている人は多いか
もしれません。しかしネイティブは、「待つ必要はないから、
すぐに…して」というポジティブなニュアンスでこの語を使い
ます。即座に行動するイメージになるため、**now** より好印象
です。取引先や上司には、積極的に使いましょう。

do something immediately
ただちに…をやる

A : Do you think you'll be able to repair this?
　　これは修理できそう？
B : Yes, I can do it immediately.
　　はい、すぐにできます。

依頼を即座に引き受けるなら、I can do it immediately.
がオススメ。非常に好印象をもたれるフレーズです。

an immediate response
即答

A : Will I need to wait a long time for your response?
　　返事をもらうのにけっこう待たないといけない？
B : No, I can give you an immediate response.
　　いや、即答できるよ。

122 | Chapter4 人を動かす単語 16

give an immediate response で「即答する」。

take immediate action
ただちに行動する

A: Can we delay this until next month?
来月までこれを遅らせることはできる？

B: No, we need to take immediate action.
ダメだ、直ちに行動に移さないと。

すぐに何らかの対応をとらなければいけない時に使う言葉。

immediate goals
当座の計画

A: We need an immediate plan to deal with this situation.
この状況を何とかするために当面の計画が必要だ。

B: Okay, I'll call an emergency meeting.
わかった、緊急会議を開こう。

「差し迫った」「直近の」というニュアンスもあり、他に immediate aim（当面の目標）、immediate concern（目前の課題）などの言い回しも。

> 「すぐ…して」とは言いにくいもの。そんな時は I'm sorry, but I need you to do it immediately.（悪いけど、すぐにやってもらわないといけないんだ）と申し訳なさそうに言うといいでしょう。

#02/16

join

人を誘うなら

今日のビジネス界では、他社との提携や共同開発の動きが盛んです。そういう意味で欠かせない単語が **join** で、組織への参入や提携、共同作業などさまざまな勧誘に用います。

決まり文句の **Why don't you join us?**（一緒にどう？）も、食事やビジネスなど、あらゆるシーンで使えるスーパーお役立ちフレーズといえるでしょう。「一緒に…しよう」というニュアンスもあるので、誰からも喜ばれる表現になります。

join an organization
組織に加わる

A： I'd like to ask you to join our project team.
　　うちのプロジェクトに参加してほしいんだけど。

B： Thanks! I'd be happy to.
　　ありがとう！　喜んで。

応用表現に **join an event**（イベントに参加する）、**join a company**（入社する）などがあります。

join up
一緒になる

A： We're looking for people who can help us build a new site.
　　新しいサイトを作るのに、手伝える人を探しているんだ。

124 ｜ Chapter4 人を動かす単語 16

B: I'd like to join up.
一緒にやってみたいな。

「同盟する」「入隊する」など、集団に入れてもらう時に使う決まり文句。

join someone
（人と）一緒になる

A: Do you mind if I join you?
邪魔してもいい？

B: Sure, we need your help!
もちろん。きみの助けが必要なんだ！

集まりに後から参加したい時の決まり文句で、「同席していい？」「入れてくれる？」など状況によりさまざまな意味になります。

join hands with
…と提携する

A: Should we work on this by ourselves?
自分たちだけでこの開発に取り組むべきかな？

B: No, I think we should join hands with the Sales Department.
いや、販売部と提携するべきだよ。

「…と手を組む」「…と合体する」「…と協力する」など、他と力を合わせる意味になります。

#02/16_join | 125

#03/16

expect

自分の願いを伝えるなら

「そうなるといい」と、自分の希望や願いを伝える際に用いる言葉です。

ポジティブな言葉なので、人を励ますにはうってつけ。「期待しているからがんばれよ」と多少プレッシャーも含むので、ぜひ部下などに使ってみてください。

ちなみに、「期待しています」のつもりで I'm expecting. と言っている人を時々見かけますが、これでは「私は妊娠しています」なんて意味になってしまいます。

(can) expect the best
最善を期待できる

A : Do you think the new strategy will work?
新しい戦略はうまくいくかな？

B : Yes, we can expect the best.
ああ、一番うまくいくと期待できるよ。

いい結果が得られそうな時に使う決まり文句です。

not expecting
意外とすごい

A : It seems like George finished his job in only three hours.
ジョージはほんの3時間で仕事を終えたみたいだ。

126 | Chapter4 人を動かす単語 16

B: Really? I wasn't expecting that!
　本当？　それは意外だ！

I wasn't expecting that. で「それは期待していなかった」
→「すごい！」と、想定外のことへの驚きを表します。

have high expectations for
…に高い期待を抱く

A: We really have high expectations for you.
　きみには本当にすごく期待しているよ。
B: Thanks. I'm really excited to be working here.
　ありがとう。ここで働けてワクワクしています。

類似表現に、**We expect a lot from you.**（きみには大いに期待している）などもあります。

meet (and exceed) someone's expectations
…の期待に応える（上回る）

A: We're really looking forward to working with your company.
　御社とともに働けるのをとても楽しみにしています。
B: Thanks. We'll work hard to meet and exceed your expectations.
　ありがとうございます。ご期待を上回れるよう一生懸命がんばります。

期待以上の成果を見せたい時の決まり文句。**exceed the customer's expectations** なら「顧客の期待を上回る」です。

#04/16

passion

熱意を伝えたい時に効果的！

passion、passionate といえば「情熱」です。感情的な言葉ですからビジネスには不向きと思うかもしれませんが、逆に仕事に対する熱意をストレートに伝えられます。

passion for work（仕事への情熱）や passion for innovation（革新への情熱）といったフレーズを商談やプレゼンで使えば、非常に効果的。周囲にも、仕事への情熱が伝わるでしょう。

have a passion for
…にこだわる

A : Why do you think this company has been so successful?
どうして会社がそれだけ成功しているんだと思う？

B : We have a passion for quality.
品質にこだわっているからだよ。

have a passion for で「…に情熱を持つ」→「…にこだわりをもつ」。passion for quality なら「品質にこだわりをもつ」となります。

(speak with) great passion
とても情熱的に（話す）

128 │ Chapter4 人を動かす単語 16

A: George spoke with great passion at the seminar.
ジョージはセミナーですごく情熱的に話をしたよ。
B: I know. I almost started to cry.
ああ。私なんて泣きそうだったよ。

with great passion で「情熱的に」、with a high level passion なら「感情的になって」です。

one's passion
生き甲斐

A: It seems like you really enjoy training new employees.
新人を教育するのがすごく楽しそうだね。
B: Yes, it's one of my passions.
ああ、私の生き甲斐のひとつだよ。

自分が情熱を傾けているものに対して使い、Fashion is my passion.（ファッションは生き甲斐だ）などと言います。

be passionate about
…に夢中だ

A: Why is Mary so passionate about her job?
メアリーはどうしてそんなに仕事に一生懸命なの？
B: I think she just really enjoys working here.
ここで働くのがすごく楽しいんだよ。

何かに夢中、熱心、一生懸命な様子を言います。get passionate about なら「…に熱狂する」。

#04/16_passion | 129

#05/16
action

議論ではなく、実際に行動するなら

Actions speak louder than words.（言葉より行動が物を言う）という諺もあるように、ビジネスでは実際に行動することが重要です。「行為」の場合、類語に **act** もありますが、「行動」「働き」「活動」と動きを指す場合は **action** です。

ポジティブに何らかの動きを起こす時に使う語ですから、言い回しによって人もうまく動かせるようになります。ぜひ、周囲のモチベーションを上げるような声かけに使ってください。

---

take action
行動を起こす

A : We've been talking about this problem for three weeks.
3週間この問題について話し合っているんだ。

B : We need to make a decision and take action.
決断を下して行動を起こすべきだよ。

「行動を起こす」「取りかかる」「対応策を取る」などの他、「働き出す」「訴訟を起こす」という意味でも使われます。

---

put (a plan) into action
…を実行に移す

A : I think this is the best solution.
これが一番の解決策だと思う。

---

130 | Chapter4 人を動かす単語 16

B: So do I. Now let's put it into action.
私もそう思う。さあ、それを実行に移そう。

put ideas into action（考えを行動に移す）など、何かを実行する際に用います。go into action なら「活動を開始する」。

course of action
行動方針

A: What do you think we need to do now?
今何をするべきだと思う？
B: We need to decide on a course of action.
行動方針を決めるべきだよ。

ビジネス必須用語で、何かを達成するための手順を指します。the best course of action なら「最善策」です。

action plan
行動計画

A: Okay, we should get started.
じゃあ始めよう。
B: We need to first develop a concrete action plan.
まずは具体的な行動計画を進展させないと。

会議のタイトルなどにもよく採用される言葉です。action plan for ...（…するための行動計画）のフレーズでよく使われます。

#05/16_action | 131

#06/16
pride

自分の行ないに誇りを持っていることを伝える

pride という言葉には、「うぬぼれ」「高慢」といったネガティブなイメージがあるかもしれません。しかし公の場で使う場合、「誇りに思う」といったポジティブな意味合いがほとんどです。あえて pride や proud といった言葉を使うことで、「誇りを持って…している」と強調するイメージになり、自分を売り込むにはうってつけ。そのため、意図的にこれらの語を使う人も多いようです。

一方、何か悪いことを平気でやってしまうような人に **Don't you have any pride?** と言えば、「自尊心はないの？」という、ちょっと嫌味なフレーズに。人に使う時は注意が必要です。

> ## (a sense of) pride
> 自尊心

A : Why do you think your team did so well?
　　きみのチームはどうしてそううまくいったんだと思う？

B : We have a high sense of pride.
　　うちは自尊心が高いから。

日本人だと躊躇するような表現ですが、ネイティブはこんなこともサラッと言います。主語を We とすることで、同僚へのほめ言葉に。**have a sense of pride** で「自尊心がある」です。

132 | Chapter4 人を動かす単語 16

(take) pride in
…に誇りを持つ

A: You think too much about your company.
会社のことを考え過ぎだよ。
B: Well, I take pride in my job.
ああ、自分の仕事に誇りを持っているんだよ。

自分の信条などを言う時によく使うフレーズです。「…を得意がる」「…に自負がある」というニュアンスにもなります。

be proud of someone
（人を）誇りに思う

A: Everything is going to be okay.
すべて問題なく進んでるよ。
B: Really? I'm proud of you!
本当？ きみを誇りに思うよ！

I'm proud of you.（きみを誇りに思う）は相手をほめる決まり文句。「自慢できる人だ」というニュアンスになります。

tips

謙遜を美徳とする日本では、「…を誇りに思う」という表現は公の場で使うくらいです。しかし欧米では、「自分の行動に誇りを持っている」ことをアピールするため、ちょっと大げさなくらい pride、proud を多用します。英語では意識的に使うようにすると、「ちょうどいい」くらいになるでしょう。

#07/16

must

使命感を強調する厳しいニュアンス

must といえば「…しなくてはいけない」と習ったでしょうが、実際のニュアンスは「…せねばならぬ」くらいに厳しいフレーズです。ですから、人に対して **You must ...** とはあまり言わないほうがいいでしょう。

あえてオフィスで使う場合、**We must ...** であれば「(われわれは) …せねばならない」と自らに厳しく何かを課すようなイメージに。また、**It must be noted that ...** なら「…だと留意しなくてはいけない」と注意喚起する言い回しに。うまく使い分けることで、部下のやる気を出す効果的な言い回しになります。

> ## We must (achieve)
> ### …を達成しなくてはいけない

A : We must achieve our target in order to stay in business.
事業を継続するためには目標を達成しなくてはいけない。

B : Okay, I'll do everything I can.
わかりました、できることは何でもやります。

We must ... は、職場で最もよく使う声かけかもしれません。主語を We とすることで、**must** を使ってもあまりキツくなりすぎず、連帯感を持たせることができます。

134 | Chapter4 人を動かす単語 16

... if I must
必要であれば

A : I will close down that shop, if I must.
必要なら、その店を閉めるよ。

B : Okay, I'll work hard to improve sales.
わかった、売り上げを伸ばすために一生懸命やるよ。

「その必要があるのなら」と相手に判断を委ねる言い回しに。文の最後につけることで、念押しするニュアンスも。

I must say, (this is ...)
…であると言わざるを得ない。

A : I must say this job is harder than I thought.
思ったよりこの仕事は大変だと言わねばならない。

B : Yes, but it will be worth the effort.
そうだね、でも努力するだけの価値はあるよ。

不承不承ながら、何かを認めなくてはいけない時のフレーズ。大げさな言い方ではありますが、知的に聞こえます。

 tips

You really must see ... は「ぜひ…をご覧ください」という観光案内などの決まり文句ですが、名詞の **a must-see** なら「必見のもの」です。*Frozen* is a must-see.（「アナと雪の女王」は必見だよ）のように使います。

#07/16_must | 135

#08/16

absolute

オフィシャルにもカジュアルにも

「絶対に」「間違いなく」と強調するために使う言葉。1語でも
フレーズでも、またオフィシャルにもカジュアルにも使える非
常に使い勝手のいい単語です。

肯定文で用いる場合は「絶対に」と100%の自信を見せ、否定
文の場合は「断固…」ときっぱり断るニュアンスになります。
日本人はあまり absolute を使いませんが、うまく使えば自分
の発言に絶対の信憑性を与えられます。

be absolute
揺るぎない

A： Do you think we should change our policy?
　　うちのポリシーを変えるべきかな？

B： No, now is the time to be absolute.
　　いや、今はそういう時ではない。

be absolute で「絶対的だ」→「揺るぎない」となり、そ
こから Now is the time to be absolute. で「今はぐらつ
いている時ではない（物事はタイミングが大切だ）」に。

Absolutely!
絶対に！

A： Can you finish this by Wednesday?
　　これ、水曜までにできる？

136 | Chapter4 人を動かす単語 16

B : Absolutely!
　　絶対に！

依頼され「間違いなくやります」と快諾する時の返事。
Absolutely not! なら「とんでもない！」と逆の意味に。

be absolutely certain
絶対に確かだ

A : Do you really want to send out these documents early?
　　本当にこの書類を早く送りたいの？
B : I'm absolutely certain.
　　絶対にだ。

「絶対に間違いない」と強調する時のフレーズ。

be absolutely amazing
めちゃくちゃすごい

A : John has finished all his work in one day!
　　ジョンが1日で仕事を全部終わらせた！
B : That's absolutely amazing!
　　めちゃくちゃすごい！

「ヤバくない?!」くらいの驚きを表わします。これくらい大げさにほめれば、相手も大喜びするでしょう。

tips

absolute には「無条件の」という意味もあり、**absolute promise** で「無条件の約束」となります。

#09/16

astonish

いろいろな驚き表現に

「アメリカ人は大げさな表現を好む」と言われますが、この astonish はまさにそのいい例でしょう。「驚くほど」という言葉は日本語でそうそう使うものではありませんが、アメリカ人は頻繁に口にします。

特に肯定的な文脈で使うと「驚くほどすごい」という感嘆表現になるため、ほめ言葉として好んで使われます。言われた相手も喜びますから、ぜひ効果的に使ってください。

be astonished by
…に驚かされる

A : I'm astonished by the speed of the new employees.
新入社員のスピードには舌を巻いたよ。

B : Yes, they're really impressive.
ああ、本当にすごいね。

「その素晴らしさに驚いた」という意味なので、「舌を巻く」などと表現してもいいでしょう。

astonishing progress
驚異的な成長

A : The new employee has already made a big sale.
新入社員がもう大口の売上げをあげた。

138 | Chapter4 人を動かす単語 16

B: He's making astonishing progress.
彼は驚異的な成長を見せているね。

進捗状況などに astonishing を使うと「驚異的な」という意味に。astonishing growth rate なら「驚異的な成長率」、astonishing economic growth なら「驚異的な経済成長」です。

an astonishing achievement
驚くべき偉業

A: Sally was made vice-president after only three years.
サリーはほんの3年で副社長になった。

B: It's an astonishing achievement.
驚くべき偉業だね。

ほかに astonishing work（目ざましい働き）など、目を見張るほど素晴らしい業績を称える言い回しになります。

💡 tips

副詞の astonishingly を使うと、「思いのほか」「驚くほど」という「意外」な感覚をうまく伝えられます。astonishingly bold なら「思いのほか大胆」という意味に。人の斬新なアイデアなどに対し、It's astonishingly bold. と言えば「思いのほか大胆だよ」となります。類似表現で astonishingly strong なら、「思いのほか説得力のある」。「想定外のことに驚いた」という感覚を表すのが、astonishingly です。

#10/16

challenge

困難に立ち向かう言葉

challenge のイメージは「困難に立ち向かう」です。難しいことに対してどういう態度を取るかで、「挑戦する」「異議を申し立てる」「意欲をかき立てる」などの訳を使い分けましょう。
ビジネスで名詞の challenge を用いる場合、難しくてもやりがいのある仕事を指し、difficult challenge ならまさに「難問」「難題」に。困難に挑戦する姿勢が間違いなく好感を持たれます。

challenge someone to ...
（人に）…を挑む

A : Nancy does great work, but she seems bored.
　　ナンシーはいい仕事をするが、退屈しているみたいだ。

B : Let's challenge her to try new things.
　　彼女に新しいことに挑戦してもらおう。

「あえて要求する」「（試合を）申し込む」などの意味も。
challenge someone to a match で「（人に）試合を申し込む」。

enjoy a challenge
挑戦を楽しむ

A : Did you really take on three projects this week?
　　今週、本当に3つのプロジェクトを引き受けたの？

B : Yes, I enjoy a challenge.

140 ｜ Chapter4 人を動かす単語 16

ああ、挑戦を楽しんでいるんだよ。

「チャレンジ精神がある」という意味合いで、気負いなく困難に立ち向かうイメージになります。**accept a challenge** で「挑戦を受ける」、**like a challenge** なら「挑戦するのが好きだ（チャレンジ精神がある）」。

challenge (the status quo)
現状を打破しようとする

A: We've had this policy for almost 30 years.
　　ほぼ 30 年の間、うちはこのやり方なんだ。
B: We need to challenge the status quo.
　　現状を打破しようとするべきだよ。

同様に **challenge the impossible** で「不可能に挑む」です。

challenging and rewarding
やりがいのある

A: This is the hardest project I've ever worked on.
　　これは今まで引き受けた中で一番難しい仕事だ。
B: It certainly is challenging and rewarding.
　　間違いなくやりがいがあるね。

意欲をかき立て、なおかつ価値のあるものに使います。**challenging and fruitful** も同じようなニュアンスに。

意外なことに名詞の **challenge**（挑戦)」は可算名詞です。冠詞を忘れずに！

#11/16

own

「持つ」だけではない

一筋縄でいかない単語が、**own** です。**own** といえば「（物を）所有する」だと思っている人も多いでしょうが、不動産のような物だけでなく、問題や責任、欠点といったものに対しても使われます。ビジネスでは、どちらかといえばそちらのニュアンスで使われることが多いでしょう。

「（問題や責任を）自分のものと認知する」「（罪を）認める」などの意味は、まさに「所有」の概念から派生したものです。また「…をうまくやってのける」という意味もあり、**I really owned it.** なら「私はそれをとてもうまくやってのけた」。フレーズごと覚えれば、スムーズにこれらのニュアンスもつかめるでしょう。

own (a problem)
（問題を）自分のものとしてとらえる

A : Maybe I can help you fix the problem.
多分、その問題を解決するのに手助けできるよ。

B : No, it's my problem and I have to own it.
いや、自分の問題だから自分で何とかしないと。

I have to own it. で「自分で何とかしないと」の決まり文句。

own up to something
…を白状する

142 | Chapter4 人を動かす単語 16

A : If you don't say anything, no one will know you made a mistake.
何も言わなければ、誰もきみのミスに気がつかないよ。

B : No, I have to own up to it.
いや、白状しないといけないよ。

ネガティブな内容を告白しなくてはいけない時に使います。

take ownership (of)
主導権を握る

A : Should we let ABC make all the decisions?
ABC 社にすべての判断を任せるべきかな？

B : No, we want to take ownership of this project.
いや、うちはこのプロジェクトの主導権を握りたいな。

「所有権を得る、自分のものとする」という意味でも使え、claim ownership (of) なら「所有権を主張する」。

let someone have ownership (of)
(人に) 責任感を持たせる

A : How can we get Jack more motivated?
どうしたらジャックがもっとやる気になるかな？

B : We need to let him have ownership of his job.
彼に仕事に対する責任感を持たせないといけないね。

ownership には、「責任感」「当事者意識」という意味もあります。

#12/16
believe

自分の思い、信念を伝える

believe が常に「信じる」ではないことに注意しましょう。

ネイティブは、I think... と I believe... をほぼ同じニュアンスで使うことがあり、I believe we've met. なら「お会いしたことがありますよね」という軽いニュアンスに。

一方、I believe so. と I think so. もほぼ同じような意味合いで使われますが、believe を使ったほうが、より深く考えての発言に聞こえます。

I (strongly) believe that ...
…だと確信している

A : I don't think women make good managers.
　　女性は良い経営者になれないと思うんだ。

B : I strongly believe that you're wrong.
　　きみが間違ってることを確信しているよ。

I strongly believe that ... は自分の発言に絶対の自信がある時に使うフレーズです。

It's my belief that ...
…と私は信じている

A : Do you think this proposal will pass?
　　この提案は通るかな？

---

144 │ Chapter4 人を動かす単語 16

B: It's my belief that it'll be a big success.
大成功するって私は信じているよ。

直訳は「私の信念は…です」ですが、会話の場合もっとカジュアルなニュアンスになります。

believe in someone
（人を）信頼する

A: I'm not sure I can do this job.
この仕事をできるかどうかわからないな。

B: Don't worry, we all believe in you.
大丈夫だよ、みんなきみを信じている。

believe in には「…の存在を信じる」という意味も。

belief system
倫理観、信念体系

A: Why did you tell the boss you overslept?
どうして寝坊したことを上司に言ったの？

B: Lying goes against my belief system.
嘘をつくのは私の信念にもとるからだ。

自分の信条、倫理観のことを belief system と言います。

tips

プレゼンなどの場合、We think ...（…と思います）より We believe ...（…と信じています）のほうがより強い考えに聞こえ、説得力のある発言になります。

#13/16

can

やる気、能力を伝える

Can you speak English? が失礼な英語だと、知っていました
か？

この場合「…できる？」というより「…するだけの能力はあり
ますか？」という意味になるため、「あなたは英語を話すだけ
の能力はありますか？」なんて失礼な質問に。

一方、人からの質問に can を使って答えれば「…できる」と
いう意味が強調され、非常にやる気があるように聞こえます。
上司の依頼に OK できるなら、積極的に can を使いましょう。
好印象を残せます。

can-do attitude
やる気

A : George is one of the best employees we have.
ジョージはうちで最高の従業員の一人だ。

B : I know. He has a can-do attitude.
そうだね。彼はやる気がある。

直訳すれば「やればできるという気持ち」、そこから have
can-do attitude なら「やる気がある」となります。

Can do!
喜んで！

A : Do you think you could give the next presentation?

146 | Chapter4 人を動かす単語 16

次にプレゼンできそう？

B: Can do! I enjoy doing it.
　　喜んで！　楽しんでやります。

I can do that. の短縮形で、何か依頼されて快諾する時の返事。

I can and I will.
やる気もあるし、できる。

A: I need to ask you to increase productivity by 30 percent. Can you do it?
　　生産性を3割上げてもらわないと。できるかい？

B: I can and I will.
　　やりますし、できます。

やる意思もあるし、実行も可能だと強調する言い方です。「はい、できます」と断言するなら、Yes, I can. もオススメ。

What can I do?
どうしたらいい？（私に何かできる？）

A: I have three deadlines before Friday.
　　金曜までに3つの締切りがあるんだ。

B: What can I do?
　　私に何かできる？

「どうしたらいい？」と自分に手伝えることがあるかをたずねる決まり文句。Can I do anything? だと「私に何かできることはある？」と困っている人を気づかうフレーズになります。

#13/16_can | 147

#14/16

motivate

「やる気」を表わす

日本語で「モチベーション」は一般化していますが、**motivate** や **motivated** を使いこなしている人は少ないようです。

辞書などに **motivate** は「動機づける」と載っていますが、簡単に言えば「やる気にするきっかけを与える」。「動機づけ」というと難しく感じるかもしれませんが、日本語の「やる気」と同じようにカジュアルに使われる言葉です。雰囲気を良くしたい時など、積極的に使ってください。

motivate someone
（人を）やる気にさせる

A : I heard that the project is going much better now.
今そのプロジェクトはかなり良くなっているんだってね。

B : Yes, thanks for motivating us.
そうなんだ、やる気にさせてくれてありがとう。

What motivates you to ...? なら「なぜ…しようという気になったのか？」と動機をたずねるフレーズに。

motivating
（人を）やる気にさせる

A : After listening to John, I feel like I can do anything!
ジョンの話を聞くと、何でもできる気になるよ。

B : I know. He's a motivating speaker.

148 | Chapter4 人を動かす単語 16

そうなんだ。彼は人をやる気にさせる話し手なんだよ。
motivating technique（人をやる気にさせる方法）も同じ用法です。

get someone motivated
（人に）やる気を出させる

A: How can we get the team to work harder?
どうやったらそのチームをもっと働かせられるかな？

B: I have an idea to get everyone motivated.
みんなにやる気を出させるいい考えがある。

keep someone motivated なら「（人の）やる気を保つ」。

have motivation
やる気がある

A: I heard that Sally worked all weekend on the project.
サリーがそのプロジェクトで週末ずっと働いてたんだって。

B: Yeah, she has a lot of motivation.
ああ、彼女はかなりやる気があるからね。

「やる気がない」なら lack motivation です。

tips

何かに意欲をかき立てられた時は受動態を使い、We're motivated to do our best. で「ベストを尽くす気になる」です。

#14/16_motivate

#15/16

radical

大胆で斬新なイメージには

時にビジネスでは、何かを根底から覆すような斬新な発想が必要となります。そんな時に使ってほしいのが、この radical です。キツいニュアンスの言葉ですが、内容的にはポジティブです。本来「過激な」「急進的な」という強引なイメージの言葉ですが、ビジネスではそこから発想を広げ「抜本的な」「斬新な」といった意味でも使われます。

革新的なアイデアを発表する時など、ぜひ使ってみましょう。

get radical
斬新にする

A : Let's just make a few minor changes to the design.
デザインにちょっと手を加えよう。

B : No, I think we need to get radical.
ダメだ、もっと斬新にする必要があるよ。

get radical で「過激にする」→「斬新にする」。人を主語にして be a radical なら「…は過激だ」となります。

make radical changes
抜本的な改革をする

A : Why do you think your company improved so quickly?

150 | Chapter4 人を動かす単語 16

なんできみの会社はそんなに早く好転したんだい？

B: We made some radical changes.
いくつか抜本的な改革をしたんだ。

「激変させる」「徹底的な改革をする」という意味にも。
accept radical change なら「急激な変化を受け入れる」。

a radical way of thinking
大胆な発想

A: How can we make our customers our best advertisers?
どうやったら顧客を一番の広告主にできるかな？

B: That's a radical way of thinking.
それは大胆な発想だ。

ポジティブに考えると、a radical way of thinking で「過激な考え方」→「大胆な発想」となります。

take a radical approach
根本的に取り組む

A: I have some ideas to adjust the system.
システムを調整するのにちょっとアイデアがある。

B: That's great, but we need to take a radical approach.
それはいいね、でも根本的に取り組む必要がある。

need a radical approach で「根本的な取り組みが必要だ」、present a radical approach なら「根本的な取り組みを見せる」です。

#16/16

encourage

人を励ます定番表現

encourage という単語は、意味として知っていても、実際の会話ではあまり使ったことがないのではないでしょうか？
人への励ましや勇気づけの他、奨励や働きかけにも用います。とてもポジティブで好感の持てる言葉のため、ビジネスだけでなくプライベートで使っても喜ばれるでしょう。

encourage someone to ...
人に…するようすすめる

A : I'd like to encourage you to try even harder.
もっと難しいものに挑戦したらどう？

B : Okay, I'll focus all my energy on this project.
ああ、このプロジェクトに全エネルギーを集中させるよ。

類語に recommend もありますが、「勇気を出して…してみたら？」というニュアンスは encourage ならではのもの。

encourage (an open discussion)
（オープンな議論を）奨励する

A : How can we improve this situation?
どうすればこの状況を改善できる？

B : We need to encourage an open discussion.
オープンな議論を奨励する必要がある。

152 │ Chapter4 人を動かす単語 16

何かを積極的にすすめたい時に使います。他に encourage a good relationship（良好な関係を促進する）などの言い回しも。

be encouraged by
…に励まされる

A: Henry's plans seem very complicated.
ヘンリーの計画はとても複雑そうだ。
B: Yes, but I'm encouraged by his confidence.
ああ、でも彼の自信に励まされたよ。

「勇気づけられる」「自信を与えられる」という意味にも。

an encouraging speech
勇気を与えるスピーチ

A: Sally gave a really encouraging speech.
サリーはとても励みになるスピーチをしたね。
B: I know. I have a lot more motivation now.
そうだね。今はかなりやる気があるよ。

人を鼓舞するような感動的なものに対して使います。encouraging letter なら「励ましの手紙」、encouraging signs なら「明るい兆候」です。

tips

名詞形は encouragement（励まし）で、He just needs some encouragement. なら「彼はちょっとした励ましが必要だ」となります。

Chapter5
ニュアンスの違いを
知っておきたい単語
09

resultとeffect、またstrongとpowerfulの違いはわかりますか?

似たような意味の単語でも、そのちょっとしたイメージの差を知ってこそ、本当の使い分けができます。

ビジネスでは「マスト」といえる9単語の、微妙なニュアンスの違いを知っておきましょう!

#01/09
critical

批判というより、重要な言葉

critical =「重大な」というイメージを覚えてください。「批判的な」しか知らない人が多いのですが、ビジネスでは「危機的な」「重大な」「必要不可欠な」という意味でよく使われます。そのため critical problem といえば「重大問題」で、危機感を覚えるほど重要な、というニュアンスに。critical という言葉を使った時点で、非常に重要なことだと察しましょう。

(at) a critical time
肝心な時に

A: I found an error in the report.
　　レポートに間違いを見つけた。

B: We can't rewrite it at such a critical time.
　　こんな大事な時に書き直せないよ。

critical time には「危機的な時期」という意味もあります。

a critical skill
必要不可欠な能力

A: I need to focus on communicating better.
　　もっとよくコミュニケーションをとることに集中しないと。

B: That's a critical skill for a manager.
　　それがマネージャーに必要不可欠な能力だ。

156 │ Chapter5 ニュアンスの違いを知っておきたい単語 9

critical skill for job seekers なら「求職中の人に必要不可欠な能力」、skill critical to ... なら「…するのに必要不可欠な能力」となります。

critical information
重要情報

A: Here are the survey results.
これが調査結果です。
B: That's critical information, so don't lose it.
重要な情報だからなくさないように。

「必要不可欠な」という意味もあり、get critical information なら「必要不可欠な情報を手に入れる」です。

of critical importance
非常に重要な

A: Is this project really important?
このプロジェクトは本当に重要なの？
B: Yes, it is. It's of critical importance.
ああ。とても重要なんだ。

critical と importance で「非常に重要な」という強調表現に。issue of critical importance なら「死活問題」です。

他に critical capability（必須能力）、critical break（重大な転換期）、critical clue（重要な手がかり）などもぜひ覚えてほしい表現です。

#01/09_critical | 157

#02/09

positive

究極の前向きな言葉

日本語の「ポジティブ」と英語の **positive** は、使い方によって意味が異なるため要注意です。

I'm positive. を「私は前向きだ」のつもりで使っている人がいますが、これは「絶対そうだ」と断言する際の決まり文句。同様に **Are you positive you turned off the lights?** なら「電気は間違いなく消した？」です。

「楽天的な」のほか「疑いようがない」「有益な」「明確な」「実際的な」など、恐らく日本人が思う以上にさまざまな意味で使われる言葉です。ある意味、必須ビジネス単語といえますから、ぜひマスターしてください。

positive feedback
好意的な意見

A： Thank you for your positive feedback.
　　好意的な意見をありがとう。

B： I really do think you did a good job.
　　きみはすごくいいことをやったね。

この **positive** は「好意的」「肯定的」という意味で、相手が自分に好意的な意見を言ってくれた時のお礼に使う決まり文句です。

158 ｜ Chapter5 ニュアンスの違いを知っておきたい単語 9

have a positive experience
有意義な経験をする

A: How was the seminar?
　セミナーはどうだった？
B: I had a very positive experience.
　すごく有意義な経験だったよ。

「ためになる」「有益な」の positive で、experience a positive event のようにも表現します。

a positive sign
明るい兆し

A: We're getting a lot of calls about our new product.
　新製品に関する問い合わせの電話がすごい。
B: That's a positive sign.
　明るい兆しだね。

「良い知らせ」という意味のフレーズで、positive proposal なら「前向きな提案」、positive criticism なら「建設的な批評」と、将来に向けて積極的なイメージで用いられます。

tips

positive role model で「お手本」なので、She's a positive role model. なら「彼女はお手本だ」。
positive outlook で「前向きな態度」「やる気」となり、She has a positive outlook. なら「彼女はやる気がある」となります。

#03/09

because

あえて理由を強調するなら

because はよく「…だから」と訳されますが、実際のニュアンスは「理由を言えば…」と改まって自分の判断を説明する際に用いる語です。

理由が強調されるため、言い方によっては嫌みなニュアンスにも。恐らく日本人が想像する以上に、強い言い回しになります。「なぜなら…だからだ」とキッパリ理由を説明しなくてはいけない時、because を使うといいでしょう。

Because that would ...
なぜかといえば…だからだ

A : Why can't we delay the project?
どうしてそのプロジェクトを遅らせることができないの？

B : Because that would destroy our reputation.
なぜかといえば、うちの評判を台無しにするからだ。

質問に対し、改めて理由を答えるような時に使います。人を懇々と説得するような時に用いるといいでしょう。

Because of ...
…のせいで、…のために

A : Because of you we're three days late.
きみのせいで3日遅れたんだよ。

160 | Chapter5 ニュアンスの違いを知っておきたい単語 9

B : I'm really sorry.
本当にすみません。

具体的な理由を表します。because of a court decision（判決により）など、さまざまな応用表現があります。

not because of A, but because of B
AではなくBだからだ

A : We were late not because of me but because of the weather.
私のせいではなく、天気のせいで遅れたんだ。

B : Yeah, I guess you're right.
ああ、そうだね。

別のものを引き合いに出して、より具体的な理由を述べる表現です。not because A and not even because B but because C（AでもBでさえもなく、Cだからだ）なんて使い方もあります。

The reason is because ...
なぜなら…だから

A : We lost an important customer.
大事な顧客を失った。

B : The reason is because we didn't have an emergency plan.
緊急時のプランを持っていなかったのが原因だよ。

理由をきちんと説明する時に使うフレーズです。やや堅い言い回しなので、言い方によってはキツく聞こえます。

#03/09_because | 161

#04/09
danger

危うさを表現するなら

「危険な」「危険を伴う」といったネガティブな意味の言葉ですから、本来そうそう公の場で使うべきではありません。

しかしあえてこの言葉を使う場合、それだけ危機的状況にあるということ。時に強迫に近い言葉にもなりますから、使い方には注意してください。

be in no danger
…に危険はない

A : Do you think we should make Jack a team leader?
ジャックをチームのリーダーにするべきかな？

B : Yes, there's no danger in that.
ああ、心配ないよ。

There's no danger in that. で「それに危険はない」→「心配ない」「大丈夫だ」と解釈します。

be in danger
危機に直面している

A : Do we need to take any action?
うちは何か行動を起こすべきかな？

B : Yes, our company's reputation is in danger.
うん、うちの会社の名声が危機に瀕しているよ。

反対語の「危険を脱して」なら be out of danger、be in

162 | Chapter5 ニュアンスの違いを知っておきたい単語 9

a dangerous situation なら「危機的状況にある」です。

understand the dangers of
…の危険性を理解する

A: Do you understand the dangers of this strategy?
この戦略の危険性は理解している？

B: Yes, but I think we need to take the risk.
ああ、でもうちはリスクを冒さないとね。

avoid the danger of」なら「…の危険性を回避する」となります。

be dangerously close
あやうく…になる

A: We're dangerously close to going into the red.
あやうく損失計上するところだったよ。

B: Okay, what action can we take?
わかった、どんな対応策を取ればいい？

dangerously close で「危険なまでに…に近い」→「危うく…になる」となります。

tips

danger はあらゆる危険を意味しますが、類語の risk は自らの責任で冒す危険に対して用います。danger はまた危険の原因となるもの、脅威も表します。

#05/09
truth

事実であることを伝えるなら

Tell me the truth.（本当のことを教えて）もそうですが、**truth** という言葉には、「今まで自分が知っていたことではなく、真実を知りたい」というニュアンスが含まれます。そのため改まって使われることが多く、ややシリアスな内容になる場合も。「真理」という意味もある、重みのある言葉だということを理解して使いましょう。

余談ですが、「事実は小説より奇なり」は英語で **Truth is stranger than fiction.** で、ほぼ同じ意味の諺になります。

---

want to know the truth
真実を知りたい

A : Why are you meeting with George tomorrow?
どうして明日ジョージと会うの？

B : I want to know the truth about the layoffs.
一時解雇について本当のことを知りたいんだ。

疑問形の **Do you want to know the truth?**（本当のことが知りたい？）は、相手に真相を打ち明ける際の決まり文句。**claim to know the truth** は「真実を教えるよう要求する」、**relieve to know the truth** は「真相を知って安心する」です。

164 │ Chapter5 ニュアンスの違いを知っておきたい単語 9

get to the truth
真実に到達する

A: I wonder why Jack missed the deadline.
どうしてジャックは締切りに遅れたのかな。

B: Let's ask him and get to the truth.
彼に真相を聞こうよ。

get through to the truth なら「真相を見抜く」です。

The truth is that ...
実際の所…

A: The truth is that the competition is really strong.
実際の所、コンペはかなり厳しいね。

B: Yes, so let's work extra hard this season.
ああ、だから今シーズンはいつも以上に一生懸命やろう。

改まって本心を言うような時に使うフレーズ。

face the truth
現実を直視する

A: We have to face the truth. We're losing money.
現実を直視しないと。うちは赤字を抱えている。

B: I know, but I think I have a good plan.
そうだね、でも私にいい考えがあるんだ。

現実にきちんと向き合うという意味で、**can't bear to face the truth** なら「現実を直視することに耐えられない」となります。

#06/09

protect

さまざまな被害から身を守るなら

protect は「身体を保護する」というイメージが強いかもしれませんが、本来は「被害を受けないよう、何らかの手段を使って守る」という意味です。

危害や損害などから何とかして身を守ることを言い、**protect the company from losses** なら「損失から会社を守る」という表現に。同義語の **guard** は「注意深く見守って外部の危険から安全を保つ」なので、ややニュアンスが異なります。

protect (earnings) against inflation
インフレから（利益を）守る

A : We need to watch our investments closely.
うちの投資をしっかり見る必要がある。

B : It's necessary to protect our earnings against inflation.
インフレからうちの利益を守ることが必要だよ。

protect against unauthorized access なら「不正アクセスから保護する」です。

protective of ...
…を守ろうとする

A : Should we send a formal complaint to the newspaper?

166 | Chapter5 ニュアンスの違いを知っておきたい単語 9

新聞社に正式な訴状を送るべきかな？
B: Yes, we need to be protective of our reputation.
ああ、うちの名声を守るべきだ。

protective of one's reputation で「…の名声を守ろうとする」、protective of the environment なら「環境を保護しようとする」です。

ensure the protection
確実に保護する

A: We're updating our virus scanning software.
ウイルス除去ソフトを更新しているんだ。
B: It's good to ensure the protection of our database.
データベースを確実に保護することは大切だよ。

ensure で「…を保証する」、そこから ensure the protection で「保護を保証する」→「確実に保護する」となります。

protect (a company) from something
自分が悪いと認める

A: We need to have a meeting on crisis management.
危機管理に関するミーティングを開かないと。
B: Yes, we have to protect our company from harm.
うん、危害から会社を守らないといけない。

「会社を守るためにできることは何でもする」なら I'll do all I can to protect our company. です。

#06/09_protect | 167

#07/09

reality

現実の話をすると…

ビジネスであえて **reality** という言葉を使う場合、夢や計画などではない、厳しい現実を突きつけるようなイメージに。**accept reality**（現実を受け入れる）や **face reality**（現実を直視する）などのフレーズからも、その「厳しさ」が感じられるはずです。

最近テレビで流行っている **reality show** も、俳優などが演じる作り物のドラマではなく、一般人の現実の生活を包み隠すことなく伝えているところが人気の理由です。やや堅い言葉ではありますが、うまく使えば相手に真剣さを伝えられます。

The reality is that ...
実は…

A : Do you think we'll meet the deadline?
締切に間に合うかな？

B : The reality is that we need more time.
実はもっと時間が必要だ。

「本音を言えば」に近い、現実的な話をする際のフレーズ。

make something a reality
…を実現する

A : The new proposal is finished.
新しい提案書ができた。

168 | Chapter5 ニュアンスの違いを知っておきたい単語 9

B : Let's make this plan a reality.
この計画を実現させよう。

「夢を実現させる」なら **make dreams reality** となります。

face reality
現実を直視する

A : I heard that our profits are dropping.
うちの利益が減少しているんだって。
B : Well, we have to face reality.
やれやれ、現実を直視しないといけないね。

「現実から目を背ける」なら **refuse to face reality** です。

a reality check
現実に目覚めること

A : Our boss wants us to work 18 hours today.
上司は今日 18 時間働いてほしいみたいだ。
B : He needs a reality check.　非現実的だね。

need a reality check は「現実を把握するべきだ」→「非現実的だ」と相手の現実離れした考えを否定するフレーズ。**based in reality** で「現実に基づいた」なので、**That's not really based in reality.** なら「あまり現実的じゃない」。

tips

「現実」に関する言い回しはいろいろあります。**Someday it will be a reality.** なら「いつかはそれが現実になる」、**Reality hurts.** なら「現実は過酷だ」となります。

#08/09

result

あらゆる結果を表わす

ビジネスで「結果」が求められるのは、日本もアメリカも同じ。result の１語で日本語の「結果」「成果」「成績」「実績」「業績」を表わせるので、非常に便利な言葉と言えるでしょう。

類語の effect は、原因から直接引き起こされる結果を表わしますが、result はある事柄の最終的な結論としての結果。ビジネスでよく言う「議論を重ねた上での結果」には result を使うと覚えておきましょう。ちなみに results と複数形を使うのが一般的です。

concrete results
具体的な成果

A : It seems like a good plan.
いい計画に思える。

B : I know, but I want to see concrete results.
そうだね、でも具体的な成果を知りたいな。

achieve concrete results で「具体的な成果を挙げる」。

results-oriented
結果重視の

A : How do you keep your staff motivated?
どうやってスタッフのやる気を保っているんだい？

B : We're very results-oriented.

170 | Chapter5 ニュアンスの違いを知っておきたい単語 9

うちは結果を重視するんだ。

「私は結果を重視する」なら I'm very results-oriented. です。

get the desired results
望ましい結果を得る

A: Do you want to give up?
あきらめる？

B: No, let's keep trying until we get the desired results.
いや、ほしい結果が得られるまでやり続けよう。

「望ましい成果を上げる」なら achieve the desired results です。

the end result
最終結果

A: Our progress isn't looking very good now.
今のところ経過はあまりよくないようだ。

B: We need to focus on the end result.
最終的な結果に注目するべきだよ。

focus on the end result で「最終結果に注目する」です。

> **tips**
>
> consequence も「結果」を表わしますが、consequence は続いて引き起こされる結果や必然的な結果の場合に使います。result、effect、consequence でニュアンスが異なるので注意しましょう。

#09/09

strong

自分の思いを強く伝える言葉

strong といえば誰もが連想するのは「強い」ですが、「しっかりしている」「丈夫な」「堅固な」と、体力以外にさまざまなものの強さを表わすことを覚えてください。同じ「強い」を表す語に powerful もありますが、powerful は「力にあふれている様子」を表わす際に用います。
交渉時には強い姿勢を見せることも大事です。strong という単語をうまく使いこなすといいでしょう。

take a strong position
強い姿勢を取る

A : Maybe we shouldn't tell the staff what's happening.
スタッフには何が起きているか話さないほうがいいかも。

B : I would take a strong position against that.
私だったら確固たる態度を取るだろうな。

build a strong position なら「確固たる地位を築く」です。

strong-minded
気が強い

A : I was surprised to see George argue with the president.
ジョージが社長と議論しているのを見て驚いたよ。

172 | Chapter5 ニュアンスの違いを知っておきたい単語 9

B : Me too. He's really strong-minded.
　　私もだ。彼は本当に気が強い。

strong-armed で「強制的に」、strong-headed で「頑固な」。

be strong under pressure
プレッシャーに強い

A : Do you think Nancy can handle this big project?
　　ナンシーはこの大きなプロジェクトを扱えるかな？
B : Yes, she's very strong under pressure.
　　ああ、彼女はプレッシャーにとても強いから。

be strong under stress なら「ストレスに強い」です。

strongly support (something)
…を強く支持する

A : Do you really think we should carry out this plan?
　　この計画を本当に実行すべきだと思う？
B : Yes, I strongly support it.
　　うん、強く支持するよ。

I strongly support it. は、何かを強く支援する際の決まり文句。

tips

人を励ますのに「しっかりしないと」と言いますが、strong を使って、You have to be strong. と表現すると同じようなニュアンスになります。

#09/09_strong | 173

青春新書
INTELLIGENCE

こころ涌き立つ「知」の冒険

いまを生きる

"青春新書"は昭和三一年に――若い日に常にあなたの心の友として、そ
の糧となり実になる多様な知恵が、生きる指標として勇気と力になり、す
ぐに役立つ――をモットーに創刊された。

そして昭和三八年、新しい時代の気運の中で、新書"プレイブックス"に
その役目のバトンを渡した。「人生を自由自在に活動する」のキャッチコ
ピーのもと――すべてのうっ積を吹きとばし、自由闊達な活動力を培養し、
勇気と自信を生み出す最も楽しいシリーズ――となった。

いまや、私たちはバブル経済崩壊後の混沌とした価値観のただ中にいる。
その価値観は常に未曾有の変貌を見せ、社会は少子高齢化し、地球規模の
環境問題等は解決の兆しを見せない。私たちはあらゆる不安と懐疑に対峙
している。

本シリーズ"青春新書インテリジェンス"はまさに、この時代の欲求によ
ってプレイブックスから分化・刊行された。それは即ち、「心の中に自ら
の青春の輝きを失わない旺盛な知力、活力への欲求」に他ならない。応え
るべきキャッチコピーは「こころ涌き立つ"知"の冒険」である。

予測のつかない時代にあって、一人ひとりの足元を照らし出すシリーズ
でありたいと願う。青春出版社は本年創業五〇周年を迎えた。これはひと
えに長年に亘る多くの読者の熱いご支持の賜物である。社員一同深く感謝
し、より一層世の中に希望と勇気の明るい光を放つ書籍を出版すべく、鋭
意志すものである。

平成一七年　　　　　　　　　　　　　　　　　　　刊行者　小澤源太郎

監修者紹介
デイビッド・セイン〈David Thayne〉

米国出身。証券会社勤務を経て来日。日本滞在約30年の教育経験から、日本人の英語学習の長所・短所を知りつくした"日米ネイティブ"として、翻訳・通訳、英会話学校「A to Z」経営など多岐にわたって活動中。著書にシリーズ20万部のベストセラーとなった『その英語、ネイティブはカチンときます』（青春出版社）などがある。
http://www.smartenglish.co.jp

英会話 その単語じゃ人は動いてくれません　青春新書 INTELLIGENCE

2015年1月15日　第1刷

著　者　　デイビッド・セイン

発行者　　小澤源太郎

責任編集　株式会社プライム涌光

電話　編集部　03(3203)2850

発行所　東京都新宿区若松町12番1号 〒162-0056　株式会社青春出版社

電話　営業部　03(3207)1916　　振替番号　00190-7-98602

印刷・中央精版印刷　　製本・ナショナル製本

ISBN978-4-413-04442-4

©David Thayne 2015 Printed in Japan

本書の内容の一部あるいは全部を無断で複写（コピー）することは著作権法上認められている場合を除き、禁じられています。

こころ涌き立つ「知」の冒険!

青春新書 INTELLIGENCE

ネイティブに一目置かれるベストセラー

その英語 ネイティブは カチンときます

デイビッド・セイン
岡 悦子

その英語、言ってからではもう遅い!……中学英語で習ったり、英会話の本でよく見るフレーズの多くが、ネイティブにはいかにヘンに聞こえ、ムッとさせ、怒らせているか。そこで、日本人が使いがちな"NGフレーズ"を集めました。とっさのシーンで役立つ「ベストフレーズ」と合わせて読めば、実践的な英会話力がぐんぐん身につきます。

◆「もう一度お願いします」
 × One more time, please.
 =もういっぺん言ってみな。

◆「イチローはアメリカで有名だよね?」と言われて
 × I know that=知ってるよ、そんなの。

ISBN978-4-413-04264-2 820円

お願い ページわりの関係からここでは一部の既刊本しか掲載してありません。折り込みの出版案内もご参考にご覧ください。

※上記は本体価格です。(消費税が別途加算されます)
※書名コード (ISBN) は、書店へのご注文にご利用ください。書店にない場合、電話または Fax (書名・冊数・氏名・住所・電話番号を明記) でもご注文いただけます (代金引替宅急便)。商品到着時に定価+手数料をお支払いください。
 〔直販係 電話03-3203-5121 Fax03-3207-0982〕
※青春出版社のホームページでも、オンラインで書籍をお買い求めいただけます。
 ぜひご利用ください。〔http://www.seishun.co.jp/〕